U0909870

不是冤家不聚头

鲁迅与胡适

陶方宣 著

中国财富出版社

图书在版编目（CIP）数据

不是冤家不聚头：鲁迅与胡适 / 陶方宣著 .—北京：中国财富出版社，2014.1

ISBN 978-7-5047-4870-6

Ⅰ. ①不… Ⅱ. ①陶… Ⅲ. ①鲁迅（1881~1936）—生平事迹②胡适（1891~1962）—生平事迹 Ⅳ. ① K825.6 ② K825.4

中国版本图书馆 CIP 数据核字（2013）第 229291 号

策划编辑 李慧智　　**责任印制** 方朋远

责任编辑 李慧智　　**责任校对** 梁　凡

出版发行 中国财富出版社

社　　址 北京市丰台区南四环西路 188 号 5 区 20 楼　**邮政编码** 100070

电　　话 010-52227568（发行部）　010-52227588 转 307（总编室）

010-68589540（读者服务部）　010-52227588 转 305（质检部）

网　　址 http：//www.cfpress.com.cn

经　　销 新华书店

印　　刷 北京京都六环印刷厂

书　　号 ISBN 978-7-5047-4870-6/K · 0091

开　　本 880mm × 1230mm　1/32　**版　　次** 2014 年 1 月第 1 版

印　　张 7.75　**印　　次** 2014 年 1 月第 1 次印刷

字　　数 147 千字　**定　　价** 28.00 元

序言

一切作品皆自传

诺贝尔文学奖获得者、南非作家库切说："一切作品皆自传。"大师小感悟，却是人生大智慧。对于作家来说，不管他前后风格有多么巨大的差异，笔底文字所反映的，一定是他不同的人生侧面。所有的文字组合在一起，就是这个作家完整的一生，任何作家均逃不过这个创作铁律——胡适如此，鲁迅当然也是这样。

说到胡适与鲁迅，我眼前便突兀耸起两大对峙的奇峰。作为民国一代大师，他们有着太多的相同：一样的出生于文化丰厚之地，一样的来自于文脉世家，一样的青春年少便出门求学，最终又一样的漂洋过海留学深造，甚至一样的被守寡的母亲以同样的“母病速归”的谎言诓骗回家，娶了一个同样的没有文化的小脚太太。这太多的相同背后，又有着太多的不同：一个求学金陵，一个求学上海。在金陵的学校，鲁迅过的是比绍兴还要保守、传统的封闭生活。而在上海求学的胡适，则被开放、摩登的殖民文化所陶醉，如鱼得水，如浴春风，用他自己的话说：“自打进入上海后，我几乎没有一天不读报纸。”成山成堆的报纸杂志，兼收并蓄的海派文化，开阔了胡适的心胸，拓展了他的视野，让他看到了世界范围内风起云涌、此起彼伏的文化大潮。

上海的启蒙准备为的是将来的大鹏展翅，几年后胡适来到了美国，立马成为欧美文化的狂热爱好者。那一年正值美国大选，各政党政治集会遍地开花，美国民众也积极参与，热情高涨。胡适全身心投入，佩戴着一枚象征支持老罗斯福的大角野牛襟章，兴奋得跑来跑去。他说：“这次大选是我所参加过的毕生难忘的政治集会之一。”四年后的一九一六年，美国再一次迎来大选，胡适则全力支持民主党的威尔逊，为他当选总统而兴奋得彻夜不眠。他晚年回忆：“我对美国政治的兴趣和我对美国政制的研究，以及我学生时代所目睹的两次美国大选，对我后来对中国政制和政府的关心，都有着决定性的影响。”这个影响就是

让他义不容辞、义无反顾地走上自由、民主之路。

而这时候鲁迅早已从日本留学回国，此时的日本也很封闭，又与中国同属专制的东方，鲁迅在这里自然不能像胡适在美国那样得到民主的承传。相反，他在这里遇到邹容、孙中山、章太炎、梁启超等流亡革命家，“革命”的种子从此播进鲁迅心田。后来在新文化运动中，他与胡适有过短暂的合作，但很快便分道扬镳，一个进入左联，进入共产党的统一战线。一个成立新月派，与国民党亲近，最终回归那个被李敖称之为“睾丸”的孤岛。一代文化大师就这样被政治“绑架”，胡适与鲁迅的隔阂，一路延伸到台湾与大陆的隔阂。

我正是从这个角度进入胡适与鲁迅的灵魂世界，我想，其实胡适应该感谢鲁迅，正如同鲁迅应该感谢胡适一样，所有的大师都应该感谢他的“敌人”。既然能成为大师的“敌人”，那“敌人”应该也是大师吧？大师只有在与大师的较量中，才能激发出更加高瞻远瞩、高屋建瓴的大智慧，就如同古代对决的武林高手，没有相遇顶级高手，身怀绝技的高手也难以磨炼出顶级绝技。是对手的强大才激活你的聪明才智，失去强有力对手的高手，人生该是多么寂寞？如同失去胡适的鲁迅，也如同失去鲁迅的胡适，他和他起码要少写多少智慧文字？真的要感谢包容的民国时代，它包容了胡适与鲁迅，包容下众多异端与异数，

又包容下多少理念不同的政治团体、文学派别？这种氛围我们只在先秦的诸子百家那里看到过，这真是中国罕见的喜人景象。

只有一点令我深以为憾：身为一代大师的胡适，尽管著作等身，却没有形成自己的学问体系；而鲁迅，这些年已从教科书上悄然消失，越来越淡出国人的视野。当一代大师随着时局的起伏而消长，想起来总让人扼腕叹息。

库切说得好："一切作品皆自传。"这句话说白了就是：作家所有的文字都是这个作家的个人自传。推而广之，所有的作家文字，全都是这个民族的自传。那么胡适与鲁迅，应该就是一部中国近代史缩影：由集权与专制，走向民主与开放。

目 录

第一章 北平与上海

第二章　留美与留日

第三章　西装与小脚

第四章　神坛与祭坛

不是冤家不聚头

鲁迅与胡适

LUXUNYUHUSHI

第一章　北平与上海

“有人告诉你‘牺牲你个人的自由去争取国家的自由’，可是我要告诉你‘为个人争自由就是为国家争自由，争取个人的人格就是为社会争人格’。真正自由平等的国家不是一群奴才建立起来的。”

——胡适

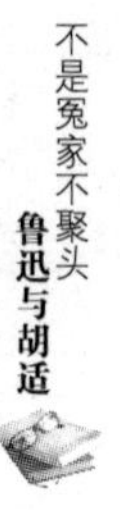

1. 像凤姐一样华丽登场

胡适与鲁迅在新文化运动中的出场有点像凤姐在《红楼梦》中的出场，一样的先声夺人，当然也一样的光彩照人。

一九一九年是一个非常独特的年代，五四运动爆发，新文化运动风起云涌，渐入高潮。如同男女做爱，经过诱惑、接吻、抚摸、动情以后，热血沸腾，激情喷涌，最后攀上欢乐的巅峰。这样的比喻可能有点粗俗，但是意思没有错。新文化运动其实就是中国的文艺复兴，它是发生在思想文化领域的一系列大变革、大震荡、大决裂。

官方意义上的“五四运动”，只是在某个节点上一次特殊的行动。在后来中国式思维中，这场从思想到文化的伟大复兴被简化成为狭窄的爱国运动，甚至连科学与民主也丢掉，却单单将“五四运动”突出出来，提升为一场爱国运动。但是这一点不妨碍一九一九年在中国的摧枯拉朽，真正的摧枯拉朽，夹杂

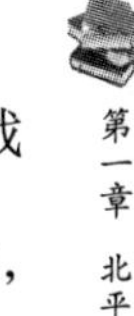

着电闪雷鸣，冲刷着积淀在中国大地上的封建尘埃。从鸦片战争以来，国门洞开六十年，庚子赔款让一大批学生奔赴海外留学，完全有别于东方专制的海洋文明让中国人目不暇接，目瞪口呆。国门既已打开，再也无法关闭，从太平洋上吹来的飓风呼啸而入，霉味扑鼻的中国老宅里飞沙走石风雨飘摇。这是从未有过的激情与碰撞，新文化运动便一呼百应，应运而生，干柴早已预备，只一点点火星它便马上烈焰腾空。已发生的一切肯定是水到渠成应运而生，一旦逆运，它便不可能发生，这是天地定律。

虽然后世对那场运动众说纷纭莫衷一是，但是一代全新的人群已经在如火如荼的新文化运动中迅速成长，长成有思想有头脑的热血青年。现在回想起来，当年所发生的一切全都是偶然事件，但是历史就是由一连串的偶然演变而成，它之所以这样走而不是那样走，肯定不是偶然，偶然在这里就是历史的必然。

谁也没有想到，历史的重任会落在一个从徽州深山里走出来的清秀学生身上。那是一九一零年九月，二十岁的胡适抵达美国纽约，他是二期“庚款”留美生。对胡适来说，从上海到海上，这是一个全新的开始，美国民主、自由之文化精神与古老国度的文明传统激烈碰撞，一代全新的民国文化人正在脱颖而出，他们将主宰未来中国的精神之舵，这其中就有他，这个看上去弱不禁风的青衣书生。这是命中注定要发生的事。

一进入美国，胡适马上便成为美国文化的狂热爱好者，一切似乎是天经地义理所当然。那一年正好是美国大选年，各政党的政治集会遍地开花，美国民众也积极参与，热情高涨。胡适全身心投入，佩戴一枚象征着支持老罗斯福的大角野牛襟章，兴奋得跑来跑去。在美国的几年，胡适脱胎换骨，他迫切想将这里先进的科学文化介绍到中国去，改变腐朽、没落的祖国。在他看来，只有打开国门兼收并蓄，这个民族才会强大，才会有全新的未来。大洋上的海风吹进了胡适有点迂腐的头脑，美国精神正一点一滴融进他的骨肉，中国走到了一个新旧交替的十字路口，民族传统的根基，现代文明的坐标，东西文化的激烈碰撞，造就了学者胡适。七年后，一代大师终于迎来了一个属于他的全新时代。

这一天应该从一九一七年二月开始，在陈独秀主编的《新青年》上，胡适发表了《文学改良刍议》，这篇划时代的文字仿佛一枚重磅炸弹，让一潭死水般的中国顿时狂飙突起。也就在这一年的八月，胡适成为北京大学教授，一时万众注目，成为当之无愧的精神领袖。这时候陈独秀趁热打铁，在《新青年》上发表《文学革命论》，高高举起了“文学革命论”的大旗。仿佛为他们的文学主张作注脚，鲁迅在翌年发表了不朽的巨著《狂人日记》，一把“大火”冲天而起，在中国思想文化界熊熊燃烧

初入北大的年轻教授胡适

起来。历史在这里翻开这全新的一页，这是多种因素综合的结果，历史选择了胡适、陈独秀乃至鲁迅，也是命中注定的选择。历史之所以成为历史，就在于它的理所当然和独一无二。

胡适提出的“文学革命”在当时是大势所趋，新文化运动的异军突起其实是有着漫长的思想铺垫——从根源上来说，新文化运动从鸦片战争以后伴随的洋务运动就已经开始，鸦片战争使中国被动地打开了国门。西风劲吹之后，一大批中国知识分子看到东西方存在的巨大差距，也清楚地知道中国落后在哪里。落后就要挨打，这是人性的必然，也是历史的必然，甚至可以说，落后就没有生存的理由，当然风靡一时的《天演论》佐证了这一点。一大批忧国忧民之士掀起了洋务运动，他们创

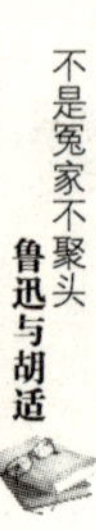

办新式教育、新型企业，试图增强一个国家的综合实力，改变中国人长期被动的落后挨打的局面。经过近百年的漫长积累，洋务运动几兴几衰进展缓慢。要从根本上改变一个国家的形象，仅仅从实业层面改变成效低微，因为随着经济的发展，必定要触及体制与文化——民国以后的思潮涌动以及新文化运动的水到渠成，用胡适的话说，全都是被逼上梁山。

2. 开天辟地

新文化运动是开天辟地的大事件，这样的大事件往往从偶然的小事引发——“文学革命”的起因是一个怪人钟文鳌。钟文鳌当时在一个专门给留美官费生按月寄生活费的机构供职，他提出一项“废除汉字、取用字母”的主张。在给留学生寄支票时，他总会在信中夹寄他自制的宣传单，诸如“不满25岁不娶妻”、“多种树，种树有益”，等等，“废除汉字、取用字母”也是其中一条。胡适看到很生气，写信把钟文鳌奚落了一顿：“你

在美国留学的青年学子胡适

们这种不通汉文的人，不配谈改良中国文字的问题。你要谈这个问题，必须先费几年工夫，把汉文弄通了，那时你才有资格谈汉字是不是应该废除。”信发出后他很后悔，不该如此斥责人家。像钟文鳌这样不配谈文字改革的尚在谈论汉字改革，而像自己这样配谈文字改革的人更应该谈一谈。他也感到这个问题看起来只是小问题，但是它涉及文化传播，它深刻影响到中国人的心理人格与精神重建。这年八月，他花了三天时间写了一篇文章：《如何可使吾国文言易于教授》。也就是说，胡适在当时不仅不赞成废除汉字，他连文言的废除都是反对的，而反对的理由相当充分。胡适认为：“只要改变了教授方法，汉文的问题就解决了。”如果胡适的文章到此而止，也许就不会有后来的“文学革命”，“他底一生也可能就在二三流报刊编辑的生涯中度过”。令他没有想到的是，这篇文章在留学生中引起强烈反响，引人入胜的在于胡适总结出汉文教授方法的四大弊端：

一，汉文乃是半死之文字，不当以教活文字之法教之。

二，汉文乃是视官的文字，非听官的文字。

三，吾国文本有文法，但古来从未以文法教授国文。

四，吾国向不用文字符号，致文字不易普及；而文法之不讲，亦未始不由于此。

这四大弊端中的后三项都没有什么意义，关键的是第一条：白话是活文字，文言是死文字，这就是使胡适赖以成名的“新思想”中的核心部分。他后来的“文学革命”理论，全都是从这里发展、衍化而来。在《四十自述》中他说：“这时候我已经承认白话是活文字，古文是半死的文字。那个夏天，任叔永（鸿隽）、梅觐庄（光迪）、杨杏佛（铨）、唐擘黄（钺）都在绮色佳过夏，我们常常讨论中国文学的问题。从中国文字问题转到中国文学问题，这是一个大转变。这一班人中，最守旧的是梅觐庄，他绝对不承认中国古文是半死或全死的文字。因为他的反驳，我不能不细细想过我自己的立场。他越驳越守旧，我倒渐渐变得更激烈了。我那时常提到中国文学必须经过一场革命，'文学革命'的口号，就是那个夏天我们乱谈出来的。"

胡适反感启用字母，但是他也感到在西风渐进的形势下，汉文（当时指文言文）"乃是半死之文字，不当以教活文字之法教之"。当时的文言文只出现在书面语中，而在生活中，大家都使用一种口头白话语，胡适认为的"活文字"，是日用语言文字，即白话文。全新的时代全新的思想必得由一种全新的语言来传播，改良文言文命题由此而出，切入了正在酝酿中的中国新文化运动之旋涡中心，"文学革命"的主张变得越来越清晰。

历史的脚步从来都是在强烈的反对中迈出，"文学革命"的主张遭到各方强烈反对，这自然毫不奇怪。别人就不说了，首先是胡适那些志同道合的朋友也不能接受，从口水仗到笔墨仗，官司一打再打。他的好朋友、康奈尔大学化学系同学任鸿隽甚至讽刺他："文学革命自命者，乃言之无文……吾国文学不振，其最大原因，乃在文人无学。"胡适不为所动，在他眼里，"文学革命"只是他一系列变革的出发点，他看得很清楚，也很高远："一部中国文学史，只是一部文字形式（工具）新陈代谢的历史，只是'活文学'随时起来替代了'死文学'的历史。文学的生命全靠能用一个时代的活的工具来表现一个时代的情感和思想。工具僵化了，必须另换新的，活的，这就是'文学革命'。

换句话说，所谓‘文学革命’，就是用白话文替代古文的革命。”

“文学革命”的提出让胡适在美国留学生圈子中受到广泛炮轰，《文学改良刍议》在《留美学生季报》上发表后，大家议论了一番，最后渐渐沉寂。正在此时，由绩溪老乡汪孟邹的牵线搭桥，胡适与安徽老乡陈独秀结识。几番书来信往，胡适认定陈独秀是同志。不久，陈独秀来信约稿，要他“以所作写实文字，切实作一改良文学论文”。这时一九一七年已悄然而至，《文学改良刍议》重新在《新青年》上发表，胡适在文中对“新文学”提出了著名的“八不主义”：

“一须言之有物，二不摹仿古人，三须讲求文法，四不作无病之呻吟，四务去烂调套语，六不用典，七不讲对仗，八不避俗字俗语。”

与胡适的小心谨慎相比，陈独秀则更加激进，他不仅完全赞同胡适在“刍议”中的改良“八不主义”，进而提出革命“三大主义”：

“一曰：推倒雕琢的、阿谀的贵族文学，建设平易的、抒情的国民文学。二曰：推倒陈腐的、铺张的古典文学，建设新鲜的、立诚的写实文学。三曰：推倒迂腐的、艰涩的山林文学；建设明了的、通俗的社会文学。”

陈独秀写到此似乎还意犹未尽，旗帜鲜明地表白：“文学革命之气运，酝酿已非一日。其首举义旗之急先锋则为吾友胡适。余甘冒全国学究之敌，高张‘文学革命’之大旗，以为吾友之声援。”两面文学大旗呼啦啦亮出迎风招展，一场影响深远的“文学革命”正在中国人精神深处徐徐铺开。

3. 抄碑帖的绍兴师爷

青春热血的胡适之在北平大红大紫时，大他十多岁的鲁迅正在北平的绍兴会馆里抄古碑帖。本来是井水不犯河水的两个人，因为同在北平，因为都才高八斗，命中注定要走到一起。

其间的经过很简单，鲁迅后来在《呐喊自序》中回忆：“S

（绍兴）会馆里有三间屋，相传是往昔曾在院子里的槐树上缢死过一个女人的，现在槐树已经高不可攀了，而这屋还没有人住。许多年，我便寓在这屋里钞古碑。客中少有人来，古碑中也遇不到什么问题和主义，而我的生命却居然暗暗的消去了，这也就是我惟一的愿望。夏夜，蚊子多了，便摇着蒲扇坐在槐树下，从密叶缝里看那一点一点的青天，晚出的槐蚕又每每冰冷的落在头颈上。那时偶或来谈的是一个老朋友金心异，将手提的大皮夹放在破桌上，脱下长衫，对面坐下了，因为怕狗，似乎心房还在怦怦的跳动。”

文中提到的金心异其实是化名，真名叫钱玄同，鲁迅称他为“我的朋友”。他与钱玄同确实是老朋友，同赴日本留学，同

鲁迅的朋友钱玄同

为章太炎的弟子，两人的友谊长达三十年。这个过程后来被钱玄同总结为“头九年（1908—1916），尚疏；中十年（1917—1926），最密；后十年（1927—1936），极疏”。回国后，鲁迅受蔡元培之邀供职于教育部，钱玄同则在北大执教。两人同处北平，经常走动是免不了的。正巧此时陈独秀担任北大文科学长，他把自己创办的《新青年》杂志也由上海迁到北平。这份杂志进京后开始同人化，胡适、李大钊、钱玄同、刘半农都成了这份新生杂志的撰稿人。当时的《新青年》因为新文化运动如日中天，陈独秀与胡适当之无愧地成为青年领袖，而鲁迅、周作人兄弟此时籍籍无名，或者说尚未显示出强劲的势头。那时，正如鲁迅后来自嘲：“不过敲敲边鼓而已。”

这一年的鲁迅已接近四十岁，正绝望于人生，更绝望于中国，生活在沉寂晦暗的阴影中，日子过得清苦又寂寞。那时候他就住在北平绍兴会馆的补树书屋，除了去教育部上班，大半的时光便消磨在这间书屋里：抄古碑，看佛经，偶尔去一去琉璃厂搜寻汉砖及旧典籍，这成了他生活的主要内容。那时他还过着单身生活，与夫人朱安长期分居。而弟弟周作人正醉心于学术，因为谋生，兄弟俩才不得不集聚于京城，来往不多，对外界的风雨也知之甚少。只有老同学钱玄同偶尔会来看他。

这天晚上，两人便有了以下对话：

“你钞了这些有什么用？”有一夜，他翻着我那古碑的钞本,发了研究的质问了。“没有什么用。”“那么，你钞他是什么意思呢？”“没有什么意思。”

“我想,你可以做点文章——”我懂得他的意思了，他们正办《新青年》,然而那时仿佛不特没有人来赞同，并且也还没有人来反对。我想，他们许是感到寂寞了，但是说:“假如一间铁屋子，是绝无窗户而万难破毁的，里面有许多熟睡的人们，不久都要闷死了，然而是从昏睡入死灭，并不感到就死的悲哀。现在你大嚷起来，惊起了较为清醒的几个人，使这不幸的少数者来受无可挽救的临终的苦楚，你倒以为对得起他们么？”“然而几个人既然起来，你不能说决没有毁坏这铁屋的希望。”是的，我虽然自有我的确信，然而说到希望，却是不能抹杀的，因为希望是在于将来，决不能以我之必无的证明，来折服了他之所谓可有。于是我终于答应他也做文章了，这便是最初的一篇《狂人日记》。

《狂人日记》只是一个开始，是鲁迅文学创作的发端，也是中国新文学的发端。鲁迅从此便一发不可收拾,从《药》到《阿

Q正传》,从《孔乙己》到《故乡》,一系列扛鼎之作一下子将鲁迅在万众瞩目的新文化平台上高高托举起来,一夜之间便成为新文化运动一员骁将——鲁迅的横空出世,就是胡适之倡导的新文化运动的受益者,假如没有白话文的发起与推广,鲁迅可能终生蜗居在北平绍兴会馆的补树书屋抄写古碑。这个阴暗幽深的老男人,这个墓气沉沉的老男人,以丰富的人生阅历、长久磨炼出的世故与深刻,洞若观火一般操一杆老枪,直抵中国积疴难愈的老病灶:

写《狂人日记》时的鲁迅先生

> 凡事总须研究,才会明白。古来时常吃人,我也还记得,可是不甚清楚。我翻开历史一查,这历史没有年代,歪歪斜斜的每页上都写着"仁义道德"几个字。我横竖睡不着,仔细看了半夜,才从字缝里看出字来,满本都写着两个字是"吃人"!

说鲁迅墓气沉沉，这个“墓”不是错别字，它既是坟墓的“墓”也是暮色的“暮”。暮气，或者说墓气，正是鲁迅身上浓得化不开的气息，他的人是如此，作品当然更是如此，充满枯藤老树昏鸦的悲凉，与陈独秀和胡适的朝气蓬勃与青春洋溢完全不可同日而语。但是这并不妨碍他们做成新文化运动这个局，做局的目的就是要唤醒在黑暗中沉睡的中国人，把中国近代文化史沉沉大幕齐刷刷地扯开来，锣鼓铿锵中，让全新的一代登场。

4. 圣人出，黄河清

程登吉在《幼学琼林》中说：“圣人出，黄河清。”意思指黄河之水常年混浊，如果变得清澈，则被视为祥瑞之兆。这其实只是一个比喻，谁见过黄河变清？所以圣人也不可能出现。“圣人出”一定要有一个先决条件，就是“黄河清”。“黄河清”，圣人才能出现。凡事都不会无缘无故，中国这座乌漆抹黑、霉味

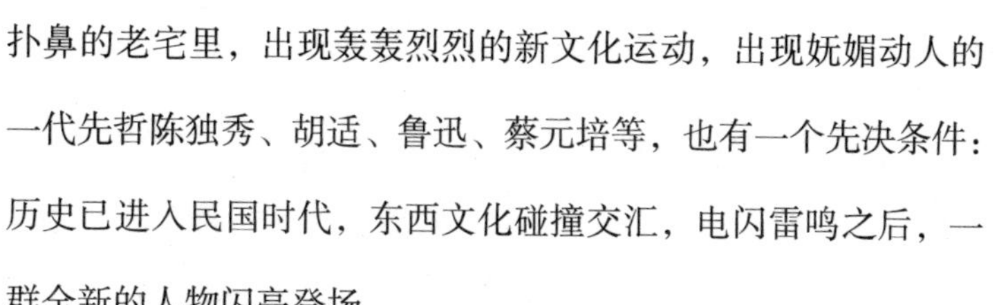

扑鼻的老宅里，出现轰轰烈烈的新文化运动，出现妩媚动人的一代先哲陈独秀、胡适、鲁迅、蔡元培等，也有一个先决条件：历史已进入民国时代，东西文化碰撞交汇，电闪雷鸣之后，一群全新的人物闪亮登场。

这样的人物必定前所未有，因为这样的时代前所未有，因为一条精神隧道已经与现代文明贯通。享受过春天的阳光灿烂，必定无法忍受寒冬的风雪弥漫。一切都是地域决定的，一切都与地理环境密切相关。中国是一个苍老的东方古国，悠久的历史、丰厚的承传让它诞生出许多孔子、老子式的大智慧，但是真正令人喜爱的人物很少。那些在一个伸手不见五指的黑屋子里写就的八股文腐臭冲天，所谓的智慧要么就是修身养性，让你忍受专制的暴戾，要么就是为皇上出谋划策助肘为虐，丑陋的灵魂令人发指，熏死人的墨臭笼罩着漆黑如墨的东方古国，五千年、一万年经久不散。一直到现在，不少中国文化人仍然如此，这种文化怪胎的发育成长与中国几千年的暴政与专制统治密切相关，与中国所处的地理密切相关。中国地理与胡适、鲁迅的出现有关系吗？有关系，每一种文明，每一种阶段性文化的代表性人物，它的出现、成长乃至消亡，都不是天生的，都与它所处的特定地理环境、气候，甚至物产都紧密相关。这是一种文化风水，多种因素促发而成，非人工所为，非人力所能抗拒。

一起来看中国版图：数亿年前，喜马拉雅山脉、天山山脉、昆仑山脉和唐古拉山脉在大西北崛起，形成了中国特殊的地理：西高东低。大气环流让来自西伯利亚的西北风，像扫帚一样横扫中国，席卷大地。这股吹刮了千万年的西北风呼啸至今，从来不曾有丝毫改变。狂风中携带大量沙尘，那些重的沙石沙子，吹不远，就近落下来，成为大沙漠、大戈壁。那些细如粉尘的，被裹挟在风中，一直吹，一直吹，吹到关中、河套地区，最后风力渐弱，它缓缓降落下来，降落成为黄土高原，黄土高原其实就是亿万年西北风的产物。因为地理上的西高东低，所有的流水都向东流淌，黄河也不能例外——那是一条被称为母亲河的河流，沉重地滞缓地从黄土高原上逶迤而过。因为黄土这个特殊的地质条件，黄河就如同一条黄龙常常泥沙俱下、浊浪排空，为非作歹祸害千年：泥沙沉淀让河床抬高，年年溃决，让两岸诸多小国民不聊生又无能为力。这时候仅仅依靠一个偏安小国，无力制伏这条暴戾的黄龙，弱肉强食、吞并小国成大国就成为封建帝王永不厌倦的历史游戏。在漫长的征战中，一个残暴、专制的封建统治在黄河边崛起，所有的丑陋与罪恶，全在维护皇权至高无上的统治，五千年的漫漫长夜，就这样漫长得没有尽头。它也出现过一些大智者与大智慧，但是在这种专制下成长的人格，大多是分裂的、黑暗的。

事情出现的转机是一八四零年的鸦片战争，所谓的八国联军用中国人敬神祭祖的火药轰开了关闭太久的封建国门，在蚕食中国的同时，顺势也让太平洋上潮湿、温暖的自由之风浩浩荡荡吹了进来，让封闭已久的中国人看到了大洋彼岸另一种全新的现代文明。当然，这种现代文明也不是无缘无故地出现，它脱胎于希腊城邦制度——东方内陆的中国，注定要在黑暗中摸索几千年，才会在大洋上看到那一抹文明的晨光。冷兵器时代，内陆的交通不便让文明承传止步不前，流水的便利让河流边的城镇得风气之先，最先确立。但是内陆的江河湖泊毕竟太小，聚合不了诞生文明的底气，海洋就成为希望所在。公元前八世纪至公元前六世纪，众多航海者在希腊各地相继形成了200多个城邦。因为渡海而来，大都为青壮年公民，大家集体协商公共事务，承担责任，所有参与者都称之为“公民”，公民社会的胚胎开始萌芽。渐渐的，在希腊城邦制度上形成了现代西方民主自由的公民社会，它是目前世界上最文明的社会制度,在专制社会至高无上的皇权,在西方被当成“老虎”关在笼子里。当然,它也远不是十全十美,但是最接近于完美,它最大限度地消灭不平等，并最大限度地发挥每一位公民的聪明才智。它的出现表明，现代社会慢慢告别野蛮社会的弱肉强食，文明规则成为引导或主导社会秩序与公民行动的行为准则。

这种意识形态和文化观念随着西风东进进入了中国人的视野，从鸦片战争开始，中国人慢慢开始了变化，先从物质层面开始，这是代表性的洋务运动。物质层面的变革必然影响到人们的意识形态，一大批西方文化启蒙的著作被翻译介绍到中国，一批新锐的知识分子再无法容忍这种黑暗与暴政。后来庚子赔款又让一大批学生进入西方留学，西方的大工业文明，包括总统由百姓票选、公民行使自己的权利与义务等，让这批来自天朝的土包子目不暇接、目瞪口呆。东西方文明第一次碰撞交汇由此开始，像天雷勾动地火，像吴刚遇到嫦娥，新文化运动产生了，包括胡适、鲁迅在内的一代文化大师出现了。胡适与鲁迅，就这样站在封建与现代的交汇点上，像一个坐标，一座灯塔，指明了现代文明的方向——所以说他们是前无古人后无来者，是史无前例，也是开天辟地。

但是他们算圣人吗？应该不算，毛泽东在武汉曾经亲口说过："鲁迅是中国第一等圣人。"但这是毛泽东的一家之言。胡适因为名声太大，家乡新在地官员要改"上庄村"为"适之村"，把胡适供起来，最终好像也没有办成。其实近距离地看，胡适与鲁迅也就是像你我一样的平凡人。要说圣人，每

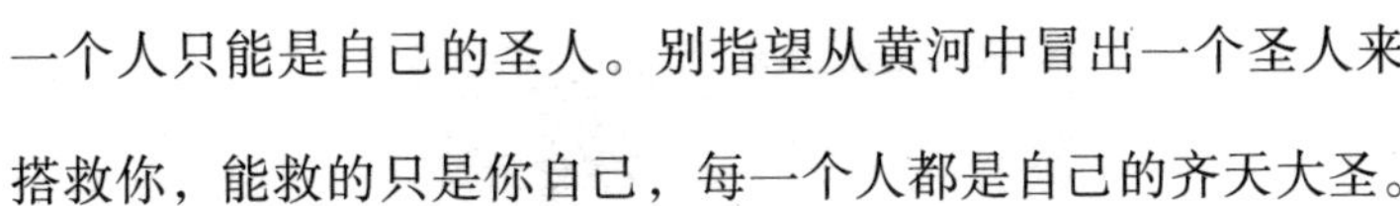
一个人只能是自己的圣人。别指望从黄河中冒出一个圣人来搭救你，能救的只是你自己，每一个人都是自己的齐天大圣。

5.X型的交叉点

胡适与鲁迅相识于一九一八年，同为《新青年》同人，又同为北京大学同事，两人的交好便成为一件自然而然的事。如同两颗不同轨道的行星，从遥远无垠的空间而来，交叉而过——北平与上海，就成为他们交叉的点。

鲁迅一系列小说发表后，举国震惊，这也是他厚积薄发、底气充沛的结果。胡适感到由衷的高兴，他在日记中说："周氏兄弟最可爱，他们的天才都很高。豫才（鲁迅）兼有赏鉴力和创作力，而启明（周作人）的赏鉴力虽佳，创作较少。"其实当年的周作人也写了《人的文学》、《爱的成年》等作品，但他们兄弟显然是两类完全不同的作家，鲁迅深邃沉郁，像暗夜里闪闪的火光，岑寂中有股暖意。周作人则如不动声色的大哲，平

鲁迅的弟弟、作家周作人

易的文字间透着渊博的学理。如果说，陈独秀、胡适当时的文章，多社会学层面的思考，而周氏兄弟已走向人性的最深层领域。胡适身边树的是一面新思想的旗帜，而周氏兄弟则沉浸到人类精神的洞穴里，那里黑咕隆咚，幽深莫测。胡适与鲁迅的文字，从一开始便表现了完全不同的精神指向。

鲁迅日记中最早出现胡适的名字，是一九一八年八月十二日，此后的六年间，两人来往较多，信件亦频，已经是很熟悉很要好的朋友。一九一八年无论对胡适还是对鲁迅，都是极为重要的一年。这一年胡适刚刚在北大立脚，因发起文学改良运动而红极一时。他在《新青年》上发表的《建设的文学革命论》、

《易卜生主义》、《贞操问题》都成为哄传一时的文字。北大校长蔡元培对胡适颇为喜爱，是年八月，为胡适《中国哲学史大纲》撰写了热情洋溢的序言，认为其著作“为后来的学者开无数法门”。胡适成为北大教授中最富有魅力的人物之一，作为胡适的朋友周氏兄弟，对这位青年学者自然最为尊敬，看一看他们那时的通信，便可感受到彼此间的亲切与温暖。在鲁迅与周作人之间，胡适更亲近于后者，那时他们同在北大，又性情相似，很自然见面较多。在胡适眼里，周氏兄弟仿佛同一个存在体，文章、思想均不同凡响，让他非常喜欢，与之相交成为自然而然。一旦有著作出版，都要互相赠送。看到对方论著中的精辟见解，也总会热情地给予肯定和赞赏。胡适最先考证《水浒传》，从时代环境来分析金圣叹腰斩《水浒》的原因。鲁迅觉得很有见地，便多次征引在自己的论著里，评论说：“至于金圣叹为什么要删‘招安’以后的文章呢？这大概也就是受了当时社会环境底影响。胡适之先生说：‘圣叹生于流贼遍天下的时代，眼见张献忠、李自成一班强盗流毒全国，故他觉强盗是不应该提倡的，是应该口诛笔伐的。’这话很是。就是圣叹以为用强盗来平外寇，是靠不住的，所以他不愿听宋江立功的谣言。”对于胡适的《红楼梦考证》，鲁迅也多有引用，一再指出胡适的考证“最有力”，对旧红学的各种谬误“已历证其失”。他特别赞赏胡适考定作者生

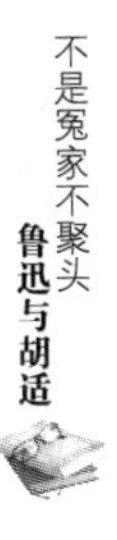

平的成绩，说过去人们多不知道曹雪芹是何等样人，“现经胡适之先生的考证，我们可以知道大概了”。鲁迅还由此肯定胡适的“自叙传”说，“实是最为可信的一说”。

胡适对于鲁迅，一向怀着“最诚意的敬爱”。对鲁迅的《中国小说史略》，更是异常钦服：“在小说的史料方面，我自己也颇有一点贡献。但最大的成绩自然是鲁迅先生的《中国小说史略》；这是一部开山的创作，搜集甚勤，取材甚精，断制也甚谨严，可以替我们研究文学史的人节省无数精力。”他多次从鲁迅书中借用材料，在写《三国志演义序》，还专于文末注明：“作此序时，曾参用周豫才先生的《小说史讲义》稿本，不及一一注出，特记于此。”可见“参用”的材料和见解亦不在少数。他在鲁迅的《中国小说史略》里，看到关于金圣叹并没有什么《水浒》“古本”的论断，觉得“很细密周到”，十分佩服，便详细引述了一千余字，订正了自己原来假设有“古本”的错误。他们当年还互相借阅书刊，抄寄材料，或书信文稿往还，讨论切磋有关小说考证的问题。胡适作《西游记序》时，还不知道《西游记》的作者是谁，只说是“明朝中叶以后一位无名的小说家做的”。鲁迅得知后，便帮助他搜集、摘抄了《西游记》作者吴承恩的许多材料寄给他。胡适在日记里写道：“豫才送来关于《西游记》的材料五纸，信两纸，一并粘在下面。”现在，这一天的日

记里仍保存着鲁迅八月十四日致胡适的原信二纸，还附着鲁迅同月二十一日致胡适的另一封信，都是讨论《西游记》等小说的。只是那五纸关于《西游记》作者事迹的材料，不知被什么人剪去,但胡适早已“转录”在他后来作的《西游记考证》里了。

胡适考证小说，喜欢收集好的版本，孤本秘籍，不轻易示人。就在这年六月，他得到一部《京尘杂录》，是清代杨懋建（掌生）的笔记四种，光绪年间上海同文书局石印。其中第四种《梦华琐簿》，记录《品种宝鉴》及其作者陈森的事迹颇为详细。鲁迅讲小说史正需要这方面的材料，写信给胡适说:“同文局印之有关于《品花》考证之宝书，便中希见借一观。”看鲁迅的大面子，胡适也慨然允诺，把这部“宝书”及其他有关的“许多书”统统借给了鲁迅。后来鲁迅的好友齐寿山买到一

青年胡适初入北平

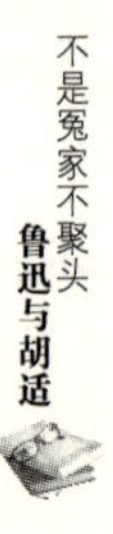

部罕见的一百二十回本的《水浒传》，要卖50元，问鲁迅要不要。当时鲁迅正买了西三条的住宅，又要改建，又过春节，手头相当吃紧。他知道胡适正缺少这个版本，便写信推荐。胡适自然很高兴，立即回信，花45元买下了这部一百二十回本的《忠义水浒全书》。

这时候的胡适与鲁迅是友好的、亲切的，在生活上互相关心，在学术上互相尊重，表现出一种大学者应有的良好风尚。而他们的友谊，这时也只是刚刚开了一个头。

6. 八道湾的蜜月期

鲁迅搬进北平八道湾之后，和胡适的友谊进入空前友好时期，如同恋爱男女婚后蜜月一般，胡适有事没事都会去鲁迅家走走，和周氏兄弟交谈是他难得的快乐。翻遍《鲁迅日记》，记录下他们交往的文字有近50余处。那时候他们在一起吃饭饮酒的机会并不算多，更多的是书来信往。很多的书信散失无传，但是日记却记下了他们之间发生的点点滴滴。

晚与二弟同至第一舞台观学生演剧，计《终身大事》一幕，胡适之作。（1919.6.19）

下午得青木正儿信，由胡适之转来。（1920.11.27）

午后得胡适之信，即复。（1921.1.3）

午后胡适之至部，晚同至东安市场一行，又往东兴楼应郁达夫招饮，酒半即归。（1923.2.27）

午后得胡适之信并还教育部之《大名县志》。（1923.3.14）

胡适之赠《西游记考证》一本（1923.5.17）

下午以《呐喊》各一册寄丸山及胡适之。（1923.9.1）

赠玄同、幼渔、矛尘、适之《小说史略》一部。（1923.12.22）

上午得胡适之信并文稿一篇。（1924.1.1）

下午寄胡适之信并文稿一篇，《西游补》两本。（1924.1.5）

下午寄胡适之信并《边雪鸿泥记》稿本一部十二册。（1924.1.21）

晚寄胡适之信并百卅〔廿〕回本《水浒传》一部。（1924.2.16）

寄胡适之信。（1924.2.26）

得胡适之信并书泉四十五元。（1924.4.12）

晨寄胡适之信。（1924.5.3）

夜得胡适之信并赠《五十年来之世界哲学》及《中国文学》各一本，还《说库》二本。（1924.6.2）

访胡适之不见。（1924.6.5）

赠胡适之《小说史略》下一本。（1924.6.26）

理积存信件，中有胡适之信，七月十三日发。（1924.8.12）

下午寄胡适之信。（1924.8.13）

夜得胡适之信。（1924.9.2）

得凤举信，附胡适之信（1926.8.4）

与鲁迅一样，胡适在日记中也多次记录与他的交往，如一九二二年三月四日，他与鲁迅、周作人在一起谈翻译问题。同年的八月十四日，胡适日记云："豫才送来关于《西游记》的材料五纸，信两纸。"甚至他告诉王国维，他的《西游记考证》中引用的《山阳志遗》一书材料，是鲁迅为其代抄。这一年胡适日记还记有他去八道湾鲁迅家，与鲁迅、周作人谈天的经过。那时候八道湾 11 号院是胡适经常走动的地方，这是鲁迅于一九一九年用稿费和卖掉绍兴祖屋的钱购买的罗姓老宅。夏天购置后，年底便将绍兴的母亲和朱安接来共同生活，周作人夫妇也生活于此。11 号院是大宅门格局，临街一溜院墙，进入

门楼就是影壁，宅内分正院、后院和西跨院三进。鲁迅看中这里，就是因为空地宽大，适合儿童游玩。当时鲁迅与母亲、朱安住前院，周作人的苦雨斋在后院，院前屋后遍布高大茂密的丁香和青杨。八道湾的日常生活是很热闹的，孩子多，在院里嬉闹玩耍；客人多，周家兄弟的同事、朋友、学生经常来访走动。日常家务由周作人的妻子信子统一管理，鲁迅的收入一般也都交给她安排。因为日本人比较多，家里有些生活习惯颇具日本风味。例如，每过年节，客人聚会，饮屠苏酒，必备日本新年食物——粢饼烤鱼，等等。有一次食粢饼烤鱼时就让胡适遇上，这是他从未尝过的美味，周作人挽留，他便留下来。鲁迅自然也在，三人一边吃烤鱼，一边谈创作，鲁迅说："现在创作文学的人太少，都劝我多作文学，我没有文学的野心，只有偶然的文学冲动。我这几年太忙了，往往把许多文学的冲动错过了，很是可惜。将来必要在这一方面努一点力，不要把我自己的事业丢了来替人家做不相干的事。"那时候八道湾高朋满座，除胡适外，郑振铎、刘半农、许地山、许寿裳、蔡元培、郁达夫、钱玄同、沈尹默都是这里的常客。他们谈话的内容很杂，关于古小说版本、关于白话文和翻译，都成为很有兴味的话题。胡适后来说："十年前（民国九年七月）我开始做‘《水浒传》考证’的时候，我只有金圣叹的七十一回本和坊间通行而学者轻

视的《征四寇》。那时候，我虽然参考了不少的旁证，我的许多结论都只可算是一些很大胆的假设，因为当时的证据实在太少了……六七年来，修正我的主张的，有鲁迅先生，李玄伯先生，俞平伯先生……”

对鲁迅的感激与敬意，一直都在胡适的心头，这是不会随岁月磨损的温暖与感动。

7. 一个像米饭，一个是中药

对于胡适与鲁迅的关系，后世文坛有多种说法，有说“胡适是米饭，鲁迅是中药”，米饭是养人的，活命的；中药是治病的，救命的。其实这样的说法太笼统，乍一听，好像有点意思，往深里一想，又没有什么意思。这样的话也可以反过来说：鲁迅是米饭，胡适是中药——有意思吗？你要说有也就是有，不过就是俏皮话而已。还有人说鲁迅像烈酒，胡适如清水，烈酒醉人，清水宜人。其实这话还是像“米饭”与“中药”一样差

横眉冷对的鲁迅先生

不多，随口说说而已。这只可以证明，经常有人把胡适与鲁迅放在一起比较，他们实在太丰富了，无论是学养还是交往，都让人意犹未尽。

前面说过周作人留胡适吃过饭，而鲁迅则专门请过胡适吃饭。与周作人的顺便留客相比，鲁迅的专门邀请当然更隆重一点，也更客气一些。胡适来鲁迅家吃饭具体时间不详，可以肯定的是发生在《狂人日记》发表之后。一篇小说引起如此轰动，鲁迅也有点发懵，被胡适称为“中国现代小说的开山之作”更让他内心窃喜，此时他有更多的话语想和如日中天的后学胡适说说。之所以请胡适到家里来，一则是显然亲近，二则他有私房菜，这是一般人无福品尝的美味，这是朱安的拿手菜：梅菜扣肉和白薯饼。

这两道美食都是绍兴的家常菜，胡适吃得眉开眼笑，看到梅干菜扣肉里放了一些辣椒，胡适很好奇：“据我所知，江浙一带人爱甜不吃辣，先生好像是个例外？”鲁迅说：“你说对了，我们绍兴人没有吃辣椒之好，独鲁迅有辣椒之嗜，我是用此物解困。”胡适非常奇怪：“用辣椒解困？”鲁迅点点头：“辣椒是最妙的解困之物，夜深人静天寒人困之时，就摘下一只辣椒来，分成几截，放进嘴里咀嚼，直嚼得额头冒汗，眼里流泪，只见得周身发暖，睡意顿消，于是捧书再读。适之先生可以一试，我早在金陵江南水师学堂时，就用此方读书，得过一块金质奖章，我到鼓楼将它卖了，买了几本喜欢的书，还买了一串红辣椒，半夜三更困了，就在辣椒串上摘下一只。”一番话说得胡适哈哈大笑，两个人弃文化谈美食，一时十分投机。鲁迅拉起胡适到书房里看，书房里书架拉手上，果然挂着一串红辣椒，已经被鲁迅扯得七零八落了。

其时鲁迅已在北平居住了好些年，适应了北方饮食，鲁母曾打算请一位北方厨师，鲁迅一问工钱，嫌要价太高而一口拒绝。所住的绍兴会馆提供伙食，也便宜，可是饭菜很难吃。嘴馋时，他自己上菜场买一只鸡回来炖汤下面，他很喜欢吃鸡汤面。或者到附近的清真馆吃清汤大块牛肉面，用原汁牛肉汤加上肥瘦相当切成方块的牛肉，配以北方的切面，售价不高却经济实惠，很得鲁迅喜爱。后来朱安、周母一同来到北京，鲁迅

的生活便安逸了很多，请胡适吃的油炸白薯饼便出自朱安之手。鲁迅有胃病，许多食品不能吃，对油炸点心却偏爱。朱安为了讨鲁迅欢心，常常将白薯切片，和以鸡蛋、白粉，然后入锅油炸。白薯饼香甜可口，鲁迅几乎天天都吃，还常常用以待客。这制法不见于任何菜谱，后来有人戏称之为“鲁迅饼”。胡适另一次在鲁迅家吃到一种点心“萨其马”，这是满族点心，以蜜糖溶粘，不过分甜，绵中带脆，价格低廉，鲁迅很喜欢用它当夜宵，也喜欢拿它来待客。

这一时期鲁迅和胡适过从甚密，在一起吃饭是免不了的，两人是志同道合的朋友，共同的主张是提倡白话文，反对文言文，反对旧道德旧礼教，提倡科学民主。胡适一直想写一本《中国小说史》，拖了几年也没有写成。事隔三年之后，鲁迅写成了《中国小说史略》，胡适对鲁迅的捷足先登不是心怀妒忌，而是报以热情称赞，两人常常一个说明一个补充，一唱一和，发表了众多新文化的启蒙文章，开启了一代人的心智。胡适的文风偏向温和，像米饭一样给人滋养；鲁迅偏重激烈，像中药一样直抵病根，两人合在一起，正好是一个治病，一个养命，“米饭”与“中药”之说似乎并非空穴来风。

走动密切了，互相帮忙也是人之常情，胡适曾为鲁迅的三弟周建人在上海商务印书馆找到一份工作，月薪 60 元，让鲁迅

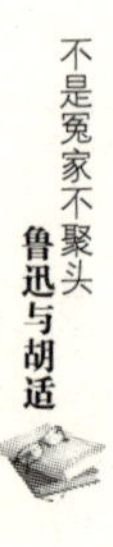

很高兴。一年后，他又推荐周作人去燕京大学主持国文部工作。后来在鲁迅请求下，他还推荐了文学青年李秉中的小说《边雪鸿泥记》出版。

8. 书来信往

胡适与鲁迅更多的还是靠书信联系，书来信往成为他们交流的主要方式。鲁迅《中国小说史略》的出版，引发了胡适对古代小说的强烈兴趣，从一九二零年起，他便写下了《红楼梦考证》、《水浒传考证》等文稿，与鲁迅的研究遥相呼应。但是鲁迅对古代小说的兴趣起于少年时代，又因为本身是小说家，还翻译过大量的外国小说。小说家治史，与学者治史终是不同，思维方式与审美习惯的差异让他与胡适走的是两条路，这也正是胡适向鲁迅请教的地方。这时候他们频繁通信，谈的仍然是各自专业，比如鲁迅写给胡适的这几封信：

适之先生：

关于《西游记》作者事迹的材料，现在录奉五纸，可以不必寄还。《山阳志遗》末段论断甚误，大约吴山夫未见长春真人《西游记》也。

昨日偶在直隶官书局买《曲苑》一部上海古书流通处石印，内有焦循《剧说》引《茶余客话》说《西游记》作者事，亦与《山阳志遗》所记略同。从前曾见商务馆排印之《茶余客话》，不记有此一条，当是节本，其足本在《小方壶斋丛书》中，然而舍间无之。

《剧说》又云，"元人吴昌龄《西游》词与俗所传《西游记》小说小异"，似乎元人本焦循曾见之。既云"小异"，则大致当同，可推知射阳山人演义，多据旧说。又《曲苑》内之王国维《曲录》亦颇有与《西游记》相关之名目数种，其一云《二郎神锁齐天大圣》，恐是明初之作，在吴之前。

倘能买得《射阳存稿》，想当更有贵重之材料，但必甚难耳。明重刻李邕《娑罗树碑》，原本系射阳山人所藏，其诗又有买得油渍云林画竹题，似此君亦颇好擦骨董者也。

同文局印之有关于《品花》考证之宝书，便中希见借一观。

树人上八月十四日

适之先生：

前回承借我许多书，后来又得来信。书都大略看过了，现在送还，谢谢。

大稿已经读讫，警辟之至，大快人心！我很希望早日印成，因为这种历史的提示，胜于许多空理论。但白话的生长，总当以《新青年》主张以后为大关键，因为态度很平正，若夫以前文豪之偶用白话入诗文者，看起来总觉得和运用“僻典”有同等之精神也。

现在大稿亦奉还，李伯元八字已钞在上方。《七侠五义》的原本为《三侠五义》，在北京容易得，最初似乎是木聚珍板，一共四套廿四本。问起北京人来，只知道《三侠五义》,而南方人却只见有曲园老人的改本，此老实在可谓多此一举。

《纳书楹曲谱》中所摘《西游》,已经难以想见原本。《俗西游》中的《思春》，不知是甚事。《唐三藏》中的

《回回》，似乎唐三藏到西夏，一回回先捣乱而后皈依，演义中无此事。只有补遗中的《西游》似乎和演义最相近，心猿意马，花果山，紧箍咒，无不有之。《揭钵》虽演义所无，但火焰山红孩儿当即由此化出。杨掌生笔记中曾说演《西游》，扮女儿国王，殆当时尚演此剧，或者即今也可以觅得全曲本子的。

再《西游》中两提“无支祁”一作巫枝祇，盖元时盛行此故事，作《西游》者或亦受此事影响。其根本见《太平广记》卷四六七《李汤》条。

树人上八月二十一日

适之先生：

前回买到百廿回本《水浒传》的齐君告诉我，他的本家又有一部这样的《水浒传》，版比他的清楚（他的一部已颇清楚），但稍破旧，须重装，而其人知道价值，要卖五十元，问我要否。我现在不想要。不知您可要么？

听说李玄伯先生买到若干本百回的《水浒传》，但不全。先生认识他么？我不认识他，不能借看。看现在的情形，百廿回本一年中便知道三部，而百回本少听到，似乎更难得。

树人二月九日

一身书卷气的胡适

可惜，这样的书来信往为时不长，这样的合作也很短暂，如同他们在北平的相逢合作也很短暂一样。胡适以文学理论起家，以学术研究为主，在创作上始终不得门径。鲁迅在小说、散文、散文诗上成绩斐然，真正走上了文学之路，可他也没有《中国哲学史大纲》那样有分量的开山之作。歧路初现不仅仅表现在文字上，更意味着两位大师的政治方向与人生之路，甚至

再放大一点说，这是代表着这个东方古国的两种前途。随着时间的推移，学者胡适走向政学两界的上层主流，而作家鲁迅则逐步走向文学的民间，他们也终于迎来分道扬镳的那一天。

9. 莫名的不信任感

表面上看来，在《新青年》一杆猎猎大纛旗下，集结的新文化战士都呈现出反封建、反世俗的一致性。但是在内里，分歧从一开始就存在，“和而不同”一直相伴始终。鲁迅和毛泽东都说过类似的话：对欧美留学归来的学人，有一种莫名的不信任感。这种“莫名的不信任感”也许来自没有亲赴欧美留学的遗憾，也许来自留学欧美学子高人一等的优越感，那份长久的压抑在最后只能化成愤怒。在新文化运动领跑的四驾马车中，陈独秀由思想转向政治，想从亲身经历的实践中改变中国。胡适和周作人则由思想进入学理；而鲁迅，一直保持着精神的苦闷，在自言自语中自问自答，既无政治色彩，亦非学院气息。他们本应在文化构建上将一代新风开创到底，他们确实也是朝着这个方向努力。但是为时不长便走向分裂，甚至决裂，这既有当时错综复杂的政治因素，也有各自留美与留日背景的天然对抗。

分裂的伏笔其实早已埋下：鲁迅早在《忆刘半农君》中就对胡适进行过辛辣的讽刺："《新青年》每出一期，就开一次编辑会，商定下一期的稿件。其时最惹我注意的是陈独秀和胡适之。假如将韬略比作一间仓库罢，独秀先生的是外面竖一面大旗，大书道：'内皆武器，来者小心！'但那门却开着的，里面有几枝枪，几把刀，一目了然，用不着提防。适之先生的是紧紧的关着门，门上粘一条小纸条道：'内无武器，请勿疑虑。'这自然可以是真的，但有些人——至少是我这样的人——有时总不免要侧着头想一想。半农却是令人不觉其有'武库'的一个人，所以我佩服陈胡，却亲近半农。""但他好像到处都这么的乱说，使有些'学者'皱眉。有时候，连到《新青年》投稿都被排斥。他很勇于写稿，但试去看旧报去，很有几期是没有他的。那些人们批评他的为人，是：浅。不错，半农确是浅。但他的浅，却如一条清溪，澄澈见底，纵有多少沉渣和腐草，也不掩其大体的清。倘使装的是烂泥，一时就看不出它的深浅来了；如果是烂泥的深渊呢，那就更不如浅一点的好。"指名道姓的挖苦胡适，甚至将他形容为"烂泥的深渊"，怀有如此刻薄之心，

这样的友谊已然裂痕初现，一旦遇到风波，反目成仇是必然的。风波总无法避免，说来就来了，这便是《新青年》的“双簧信”事件。

那还是一九一八年初，为推动文学革命，《新青年》编者之一钱玄同化名为读者王敬轩，搜集社会上复古派反对新文化运动的言论，写信给《新青年》编辑部，再由刘半农写回信逐一批驳，两封信同时发表在《新青年》第 4 卷第 3 号。从斗争策略着眼，导演了这出“双簧戏”，作为《新青年》的编辑之一，胡适对“双簧信”的内幕自然很清楚，但他很不以为然，视之为“轻薄”之举，并以为“凭空闭产造出一个王敬轩”并不值得辩论。但鲁迅的态度则相反，鲁迅认为此举无可非议，因为“矫枉不忌过正；只要能打倒敌人，嬉笑怒骂，皆成文章”。这次两人间的“短兵相接”并没有公开化，也没有发生正面冲突，属于各说各的。在《新青年》的“双簧信”事件，以及“整理国故”上胡适与鲁迅都有过纷争。但相比以后的决裂来看，这些矛盾都属于皮毛。

一九二二年五月，清朝末代皇帝溥仪召见胡适。胡适在《努力周报》发表了《宣统与胡适》一文，说：“阳历 5 月 17 日清室宣统皇帝打电话来邀我进宫去谈谈，当时约定了 5 月 30 日（阴历端午前一日）去看他。30 日上午，他派了一个太监来我家中接我。我们从神武门进宫，在养心殿见着清帝，我对他行了鞠躬礼，他请我坐，我就坐了……他称我‘先生’，我称他‘皇上’。我们谈的大概都是文学的事……”溥仪召见胡适，鲁迅当时并没有说什么，一直到一九三一年年底蒋介石召见胡适时，鲁迅才旧话重提：“中国向来的老例，做皇帝做牢靠和做倒霉的时候，总要和文人学士扳一下子相好。做牢靠的时候是‘偃武修文’，粉饰粉饰。做倒霉的时候是又以为他们真有‘治国平天下’的大道……当‘宣统皇帝’逊位逊到坐得无聊的时候，我们的胡适之博士曾经尽过这样的义务。见过以后，也奇怪，人们不知怎的先问：他们怎样的称呼，博士曰：‘他叫我先生，我叫他皇上。’那时似乎并不谈什么国家大计，因为这‘皇上’后来不过做了几首打油白话诗，终于无聊，而且还落得一个赶出金銮殿。现在可要阔了，听说想到东三省再去做皇帝呢。”

从后来的文字里照见当初鲁迅的心情，已不仅仅是“莫名的不信任感”，而是有点“怀恨在心”。

10. 杂文创作的母题

友情勉强维持到一九二六年，再也无法继续。这一年的前后，胡适的朋友、《现代评论》派陈西滢（陈源）与鲁迅发生了激烈冲突。已经离京的胡适致信陈源、周氏兄弟，意图居中调和，却没有任何结果。随后，胡适参加“中英庚款顾问委员会”中国访问团，从上海到汉口、南京、杭州、北平、天津、哈尔滨等地访问。七月下旬又去了英国，参加中英庚款全体委员会议，中间又去了一趟法国。而鲁迅也在同年八月离京，开始一年的辗转，最终落户上海。巧合的是，胡适次年回国也到了上海，绕了一圈还是和鲁迅汇合。可是，办新月书店、掌中国公学、任中华教育文化基金董事会董事的社会名流胡适与日渐左转、坚守反对派立场的鲁迅成了“两股道上跑的车”。有趣的是，二十世纪三十年代依然战斗着的鲁迅与胡适亲近的朋友圈子摩擦不断，这构成了鲁迅杂文创作的一个母题。

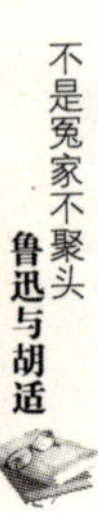

所有的摩擦起因，便是鲁迅对英美派文人“莫明的不信任感”，这“敌人”是天然的天生的，也就是“天敌”。最先的冲突便是与陈西滢发生一场“恶战”，起因是陈西滢指出鲁迅哄传一时的力作《中国小说史略》，是对日本学者盐谷温的《支那文学概论讲话》中“小说”部分的抄袭。胡适从中调停，力挺鲁迅是对他人研究成果的“合理借鉴”。但是鲁迅与《现代评论》派已成死敌，而移居上海的《现代评论》派与新月派实则是两块招牌一彪人马，都把胡适当作精神领袖。新仇加旧恨令鲁迅几乎失控，当时新月派关于“人权”的言论在学界引起风波，鲁迅便发表了《新月社批评家的任务》：

> 新月社中的批评家，是很憎恶嘲骂的，但只嘲骂一种人，是做嘲骂文章者。新月社中的批评家，是很不以不满于现状的人为然的，但只不满于一种现状，是现在竟有不满于现状者。这大约就是“即以其人之道，还治其人之身”，挥泪以维持治安的意思。譬如，杀人，是不行的。但杀掉“杀人犯”的人，虽然同是杀人，又有谁能说错？打人，也不行的。但大老爷要打斗殴犯人的屁股时，皂隶来一五一十的打，难道也算犯罪么？新月社批评家虽然也有嘲骂，也有不满，

而独能超然于嘲骂和不满的罪恶之外者，我以为就是这一个道理。

但老例，刽子手和皂隶既然做了这样维持治安的任务，在社会上自然要得到几分的敬畏，甚至于还不妨随意说几句话，在小百姓面前显显威风，只要不大妨碍治安，长官向来也就装作不知道了。

在鲁迅看来，新月派所谓的“人权”之争，不过是主子与奴才之间产生了一些小小误会而已，一场很无聊的争执。后来针对新月派梁实秋的《“硬译”与文学的阶级性》，他特意提及新月社群体：“以硬自居了，而实则其软如棉，正是新月社的一种特色。”他又以小说家的笔调写道：

这一回，新月社的“自由言论”遭了压迫，照老办法，是必须对于压迫者，也加以压迫的，但《新月》上新显现的反应，却是一篇《告压迫言论自由者》，先引对方的党义，次引外国的法律，终引东西史例，以见凡压迫自由者，往往臻于灭亡：是一番替对方设想的警告。

新月社的“严正态度，以眼还眼”法，归根结蒂，是专施之力量相类，或力量较小的人的，倘给有力者打肿了眼，就要破例，只举手掩住自己的脸，叫一声“小心你自己的眼睛！”

一直浸泡在中国传统墨汁坛子里的鲁迅，对于西方的人文精神相当陌生，他的人生经历没有给他提供这样的见识契机，他也从来闭口不谈英美一路的欧洲文明。之所以与胡适为代表的新月派诸君摩擦不断，很大程度上应该是隔膜与误解所致。但是为什么会产生这样的隔膜与误解？这又不是三言两语可以说得清楚。最根本的原因是人生经历的不同导致思维方式的差异，反过来思维方式又指导着人生价值取向，再加上国内外局势的风云变幻，这时候的胡适与鲁迅已然身处两种语境，一条深不可测的鸿沟横亘在两位大师之间，这是他们一辈子努力也无法跨越的巨大障碍。

11. 痛打落水狗

这时候的鲁迅确实有点失控，他几乎是逮谁骂谁，施蛰存、陈其昌、徐懋庸都挨过他的骂。包括梅兰芳，他骂他“不男不女”，扮相像“麻姑”。也包括王国维，骂他“老实得像火腿”，连赛金花这样的妓女也不曾放过，不仅嘲讽她“早已被奉为九天护国娘娘”，还歹毒地讥笑她与“德国统帅瓦德西睡过一些时候”。当然，鲁迅骂得最多的还是新月派诸君，那句著名的骂人话“痛打落水狗”其实是骂梁实秋的，这一令无产阶级痛快无比的名骂一直流传至今，并且这一篇《“丧家的”资本家的乏走狗》被多次选入不同类型的教科书中，成为鲁迅的杂文代表作。

鲁迅与梁实秋的这场论战旷日持久，留下太多的学术商榷空间。最后左联的评论家冯乃超也像程咬金一样半道杀出，在《阶级社会的艺术》一文中说：“无产阶级既然从其斗争经验中意识到自己阶级的存在，更进一步意识其历史使命。然而，梁实秋却来说教——对于这样的说教人，我们要送‘资本家的走狗’这样的称号的。”自己认定自己是站在大众这一边，凭空就站到道德制高点上，凭空就生出自豪与优越感来，不过是逞一时口舌之快而已。梁实秋在《新月》上回复了一篇文字《资本家的走狗》，据冯雪峰回忆，鲁迅看到此文后连声说：“有趣，还没怎样打中他的命脉他就这么叫了起来，可见是一只没什么用的走狗。”鲁迅决定自己再来应战，很快一挥而就写成了《“丧家的”资本家的乏走狗》：

凡走狗，虽或为一个资本家所豢养，其实是属于所有的资本家的，所以它遇见所有的阔人都驯良，遇见所有的穷人都狂吠。不知道谁是它的主子，正是它遇见所有阔人都驯良的原因，也就是属于所有的资本家的证据。即使无人豢养，饿的精瘦，变成野狗了，但还是遇见所有的阔人都驯良，遇见所有的穷人都狂吠的，不过这时它就愈不明白谁是主子了。

我还记得，“国共合作”时代，通信和演说，称赞苏联，是极时髦的。现在可不同了，报章所载，则电杆上写字和“×× 党”，捕房正在捉得非常起劲。那么，为将自己的论敌指为“拥护苏联”或“×× 党”，自

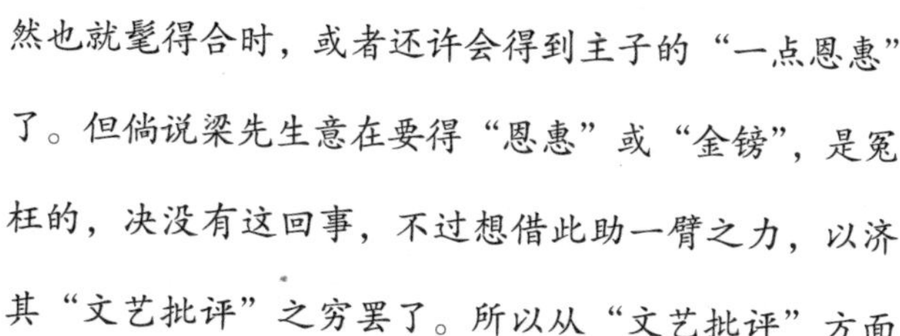

然也就毫得合时，或者还许会得到主子的“一点恩惠”了。但倘说梁先生意在要得“恩惠”或“金镑”，是冤枉的，决没有这回事，不过想借此助一臂之力，以济其“文艺批评”之穷罢了。所以从“文艺批评”方面看来，就还得在“走狗”之上，加上一个形容字:“乏”。

这一次的“痛打落水狗”让鲁迅十分开心，《“丧家的”资本家的乏走狗》也写得相当有力量，大量的政治词汇有浓烈的左翼色彩，这种色彩在新中国成立后铺天盖地，所有从那个年代过来的人根本不陌生。争论双方都将自己从潜在的政治迫害和裙带关系中解脱出来，不惜意气用事，甚至实施人身攻击，使得论争的本来面目越描越黑，最后完全遮蔽学术目的，致使双方感情都受到了极大的伤害。

这不是左联与新月派的第一次交战，也不会成为最后一次。在这之前，鲁迅其实多次有意无意地以笔当刀，将锋利的锋刃对准那轮“新月”，在《各种捐班》、《拿来主义》和《文坛登龙术》等多篇文章里，将新月派骨干邵洵美骂得狗血喷头：

捐做“文学家”也用不着什么新花样。只要开一只书店，拉几个作家，雇一些帮闲，出一种小报，“今天天气好”是也须会说的，就写了出来，印了上去，交给报贩，不消一年半载，包管成功。但是，古董的花纹和文字的拓片是不能用的了，应该代以电影明星和摩登女子的照片，因为这才是新时代的美术。“爱美”的人物在中国还多得很，而“文学家”或“艺术家”也就这样的起来了。捐官可以希望刮地皮，但捐学者文人也不会折本。印刷品固然可以卖现钱，古董将来也会有洋鬼子肯出大价的。

《拿来主义》其中一段话:“譬如罢，我们之中的一个穷青年，因为祖上的阴功，得了一所大宅子，且不问他是骗来的，抢来的，或合法继承的，或是做了女婿换来的。那么，怎么办呢？我想，首先是不管三七二十一，‘拿来’！”

这些话让被人称为“文坛孟尝君”的邵洵美耿耿于怀，他对鲁迅一向尊敬有加，那次自己出钱请萧伯纳在著名的功德林吃素斋，还请来宋庆龄和鲁迅一同作陪。临走时因为下雨，鲁迅站在屋檐下淋得直哆嗦。那是邵洵美第一次见到鲁迅，主动请鲁迅上车，一直将他送回家。他当然记得鲁迅对他的谩骂，一直到新中国成立以后关进提篮桥监狱，还没有忘记这回事，向他的狱友贾植芳先生交代，务请他出狱后帮他澄清几件事，

其中之一就是告诉大家，他邵洵美所有的文字，并非鲁迅所说的“请人代笔”,全是他一字一字抠出来的。他没好意思说，鲁迅说他是个“穷青年”，他的财产是“做了女婿换来的”。其实他是名门之后，上海道台之孙，他的家完全与他太太家——盛宣怀家族平起平坐，鲁迅骂得毫无根据也毫无道理，就如同他早些时候骂林语堂、徐志摩一样，其实都没有什么大错，只是他看不惯他们身上的欧美习气，或者更看不惯他们与胡适的哥们义气,就要抡起大棒“痛打落水狗”,就要“一个都不宽恕”。正是因为鲁迅身上这种战斗倾向，才让他走进毛泽东的视野，因为“痛打落水狗”就是毛泽东的“宜将剩勇追穷寇”。

12. 问题男人和新好男人

胡适与鲁迅的渐行渐远是与胡适的“高升”同步进行的，几乎与此同时，鲁迅逮着机会就批评胡适，从“《新青年》的双

痛苦思索的鲁迅先生

簧信”到“整理国故”，从溥仪召见到蒋介石的接见，鲁迅新账老账一起算，在多篇文章中将胡适骂得狗血喷头，比如“出卖灵魂的秘诀”、“算账”、“关于中国的两三件事”等，对胡适进行了毫不留情的抨击。但是胡适抱定“不闻不问”的态度，一直躲避着与鲁迅交锋。

鲁迅一直“咬”着胡适不放，不管鲁迅如何痛骂，胡适始终抱定“死猪不怕开水烫”的态度，从不回应。胡适数十年如一日地忍，鲁迅也数十年如一日地骂，足见鲁迅的恒心与胡适的耐心。

胡适与蒋介石走到一起自然而然，他把英美一路政治文明当成治疗中国沉疴痼疾的灵丹妙方。而蒋介石政府里的人士，也大多是亲美派，在这里他很轻易找到志同道合者，他们多留学欧美的富家子弟，生活优越、眼界开阔，使他们本能地向往

和认同欧美文明——这也是胡适与鲁迅的根本分歧所在。从根源上说，胡适与鲁迅的分歧在一个留学日本、一个留学美国时就决定了，他们的分歧正如同东西方分歧一样难以调和，这是两个文明版块漫长衍化而形成的隔绝。生于东方古国封闭之地的胡适与鲁迅，身上更多的带有东方沉重得让人抬不起头来的传统。但是胡适留学美国，使他身上的浓重乃至沉重的积淀得到稀释、化解。而鲁迅留学东方的日本，他身上的包袱非但没有卸下，反而凭空又添加上一层沉重的壳，无论他在绍兴、日本或北平，专制的传统、专制的道德让他一生没有得到解脱。和绝大多数中国男人一样，他一直生活在压抑之中，没有健康的心态，骨子里他是一个问题男人，对女性的失敬对爱情的轻蔑让他身上缺乏一种人文的关怀与怜悯。像他这种压抑的男人骨子里常常又是卑怯的,爱情在他眼里就等同于他日记中的“洗脚”，他不可能产生像徐志摩或邵洵美那样如彩虹横天的倾城之恋，也不可能像胡适那样以健康阳光的青春少年心态来对待爱情之心。当然，他也不可能爱上林黛玉之类的贵族女子，他就曾经以“贾府上的焦大不会爱上林妹妹”来表示他对贵族少女的轻蔑。他洞若观火，他刀刀见血，他要么像《红楼梦》里那个可怜兮兮的贾瑞，要么就像《金瓶梅》里那个横行霸道的西门庆。从他最初的几篇发轫之作来看，他完全有可能成为中国

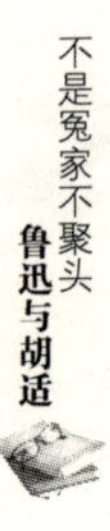

的托尔斯泰式的世界泰斗。但是他显然没有走到这一步，他似乎过于热衷眼前屑小无比的党同伐异，缺乏托尔斯泰式的心灵忏悔与灵魂拷问，当然也就缺乏一种精神的浩大与宽阔。

在鲁迅的痛骂中，胡适既有恼火的一面，也有回护的动作，仿佛特别纠结。鲁迅逝世后，他的老乡苏雪林曾写信给他，针对“鲁迅死后，左派利用之为偶像，极力宣传，准备将这个左翼巨头的印象，深深打入青年脑筋”的情况，请求胡适站出来做所谓“取缔‘鲁迅宗教’”的工作。苏雪林在同一封信中，还谩骂鲁迅为“假左派”，是“一个刻毒残酷的刀笔吏，阴险无比，人格卑污又无耻的小人”，“阴贼、刻薄、气量褊狭、多疑善妒、复仇心坚韧强烈，领袖欲旺盛”。胡适回信说：“我很同情于你的愤慨，但我以为不必攻击其私人行为，鲁迅狺狺攻击我们，其实何损于我们一丝一毫？他已死了，我们尽可以撇开一切小节不谈，专讨论他的思想究竟有些什么，究竟经过几度变迁，究竟他信仰的是什么，否定的是什么，有些什么是有价值的，有些什么是无价值的。如此批评，一定可以发生效果。”“凡论一人，总须持平。爱而知其恶，恶而知其美，方是持平。鲁迅自有他的长处，如他早年的文学作品，如他的小说史研究，皆是上等工作……”

即便被鲁迅骂为“卖身投靠”国民政府，他仍旧一如既往

对逝者作客观、公允的评价，这是胡适一生的厚道。甚至一个朋友娶了一个青楼出身的女子，成了他的邻居，他也对妻子江冬秀千叮咛、万嘱咐：“不要看不起她，更不要伤害她。”对待青楼女子尚且如此，对待学人鲁迅，他更怀有一层虔敬。他与鲁迅关系从交好走到交恶这一步，是多种因素使然。对胡适来说，他永不放弃的理想就是希望英美式的政治文明能在中国得以实现。他就这样接近以蒋介石为代表的国民政府，虽然国民政府有种种弊端，贪污不绝，遍地腐败，但他认为在当时条件下这是“好政府”。与其说他“卖身投靠”国民党政府，还不如说他是忠诚于自己的政治信念。

胡适的一生中其实一直都体现了一个美式教育培养出来的

笑眯眯的胡适先生

自由主义者的矛盾与痛苦，当当局与他的政治理想一致时，他理所当然地支持当局。当当局与他的政治理想发生冲突时，他理所当然地成了当局的“诤友”“诤臣”，所有的一切努力，全为了实现自己的文明主张。西安事变时，他认为张学良“是毁坏国家民族的力量”，认为“蒋先生如果发生事故，中国要倒退二十年”，所以他后来接受蒋介石的安排，去美国做国民党驻美大使，并发表讲话，声称“我要以我的道义力量，支持蒋介石先生的政府”。这一切，是鲁迅无法理解与接受的，也是他认为不可思议的。

13. 向左转与向右转

与鲁迅走向革命，走向民间大众相比，胡适一天天走向权力上层、走进政治高层，这在他来说是由来已久的习惯，与他在美国的留学生涯密切相关，这正是美国给予他的教诲之一。当年他进入美国，正值美国大选年，他眨眼之间马上成了美国

文化的狂热爱好者，他从各党派眼花缭乱的党魁演讲中，认定老罗斯福的治国理想最得人心。老罗斯福是从共和党分裂出来的第三党进步党党首，他的一系列言论深入人心，胡适对他欣赏加崇拜，凡他的演讲只要有时间，必定去参加。无法参加的，就收听广播。有一次参加罗斯福的集会让胡适终生难忘，那次罗斯福的演讲是支持进步党候选人欧斯克·史特朗竞选纽约州州长。罗斯福的演讲一如往常一样激情四溢，就在胡适和众多选民听得如醉如痴时，忽然不远处一声枪响，老罗身体歪了一下——人群马上骚动起来，原来罗斯福中了刺客一枪。胡适脸色一片苍白，这时候只见罗斯福手捂伤口面不改色地抬起头来："还有几句，让我说完。"下面一时掌声雷动，胡适感动不已，油然而生出对罗斯福的崇高敬意。

胡适后来说："这次大选是我所参加过的毕生难忘的政治集会之一。"四年后的一九一六年，美国再一次迎来大选年，胡适则全力支持民主党的威尔逊，为他当选总统而兴奋得彻夜不眠。胡适晚年回忆说："我对美国政治的兴趣和我对美国政制的研究，以及我学生时代所目睹的两次美国大选，对我后来对中国政制和政府的关心，都有着决定性的影响。"这种影响一直左右着他的人生方向，他身上有书呆子的一面，也不乏政治家的谋略，这是他对政治之所以如此热情的原因所在。政治虽然令人讨厌，

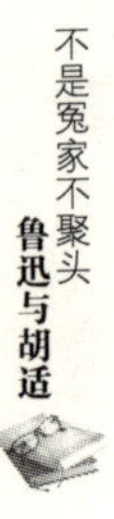

但是这毕竟远比一介书生纸上谈兵，更容易实现自己的政治主张和人生理想。可是，当他这一面稍稍彰显出来时，追随他的莘莘学子不同意了，他们更接受更喜欢逐步从官场走向民间大众的鲁迅，而不能接受从学界走上官场的胡适。《京报》总编邵飘萍给他转来了两封青年学子的来信："等到现在，不但我们所期望于先生者，一无所有，便是我们认为丧心病狂的军阀政客们底分赃的行径，先生竟也兴高采烈地预备大踏步前往参加了——总之，我们读过先生近来的言论，知道'胡适之'三个字上，已沾满了灰色的尘点，我们只好盼望先生努力向着黑暗的处所去'干！干！干！'"

他在回答邵飘萍时说："青年界对我的议论，乃是意中的事。生平不学时髦，不能跟人乱谈乱跑，尤不能谄事青年人，所以常遭人骂。但八年的挨骂已使我成了一个不怕骂的人；有时见人骂我，反使我感觉我还保留了一点招骂的骨气在自己人格里，还不算老朽——先生在此处把我和'当局'拉在一块，颇使我诧异。假使先生发表此类稿件，难道'当局'会替我报复吗？'当局'与我，截然两事，毫无关系。"

胡适一生中挨过的骂实在太多：走狗、汉奸、反动、竖儒、反革命、叛国者、丧行文人、无耻文人、胡说博士。最长的是：作自渎行为的最下贱的中国人，包括鲁迅的"卖身投靠"，他都

满不在乎、不以为意，甚至别人骂得不好他反而替他急，认为没骂到点子上。形形色色的骂从来不曾动摇他坚定的信心，某一时期他也曾发过毒誓："二十年不谈政治。"但是他要改变中国，二十年不谈政治是不可能的，他很快食言，开始热衷于政治，还办了一份《努力周报》大谈特谈政治。因为他看到了政治在中国的意义，让中国告别封建专制走向欧美式的现代文明，学术研究的潜移默化是一个方面，这个方面是缓慢的，从灵魂深处着手，那种蜗牛式的渐进漫长得令人绝望。从政治层面的快速推进才可以加快中国现代文明的进程，学界文人的空谈永远都是空洞的不着实际的。他后来在日记中写道："我现在出来谈政治，虽是国内的腐败政治激出来的，其实大部分是这几年的'高谈主义而不研究问题'的新舆论界把我激出来的，我现在的谈政治，只是实行我那'多研究问题，少谈主义'的主张。"在专制的中国，胡适的行为有点乌托邦式的虚幻，也有些堂·吉诃德式的浪漫，但是谁也不能否认他的真挚之心与赤子情怀。

但是在鲁迅的眼里，胡适是被官僚化了，御用化了——他靠拢衙门，注重于精英人物，建立起一套权威性的知识系统，在另一种意义上必定会形成对底层大众的新的欺压。他们彻底决裂的时刻到了：一个向左，一个向右，《新青年》时代并肩作战的友谊已荡然无存。

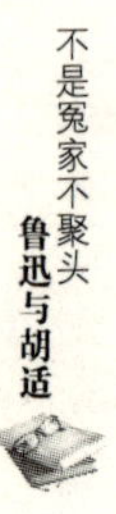

14. 开除胡适

胡适与鲁迅的最后一次交集、也是最后一次决裂，发生在一九三三年。就在前一年年底，宋庆龄、杨杏佛、蔡元培、林语堂等发起成立了“中国民权保障同盟”，主要任务是：一、争取释放国内政治犯；二、予政治犯以法律的辩护及其援助；三、协助关于争取公民权利，如出版、言论、集会和结社自由的斗争。鲁迅在一九三三年一月被推选为执行委员，胡适在同时被选为北平分会执委。但是没有想到，一向为人温和的胡适，却很快与“中国民权保障同盟”彻底决裂。

事情起因是北京分会成立的当天，杨杏佛到场讲话，胡适、成舍我等九人当选为执行委员。次日，杨铨和胡适代表同盟视察关押在北平军人反省院的政治犯。因为是突然检查，耳闻目睹到的一切应为真实。胡适检视一番后认为：犯人生活不好，有违反人道的事存在。其中政治犯戴着脚镣手铐，并且不允许读书看报，这都是应该取消的。没想到几天后，宋庆龄在民权保障同盟举行的记者招待会上，签发了中共地下党员刘尊棋揭露北平军人反省院黑暗的控诉信，胡适得知后十分反感，认为这份材料有伪造之嫌，起码部分材料是捏造的。他一方面写信给蔡元培、林语堂，同时又致信《燕京新闻》编辑部，认为“中国民权保障同盟”全国执行委员会所发的由宋庆龄签名文件，是不可置信的。他觉得，该同盟过于从政治角度看待问题，而未能从法律的层面分析事件，过于政治化，于事态不利，且与法的精神相悖。在《民权的保障》一文中，胡适说：“我们观察今日参加这个民权保障运动的人的言论，不能不感觉他们似乎犯了一个大毛病，就是把民权保障的问题完全看作政治的问题，而不肯看作法律的问题。这是错的——一个政府要存在，自然不能不制裁一切推翻政府或反抗政府的行动。”胡适的思路，与宋庆龄、鲁迅等人在根本点上完全不同，其公允、平和的语气后，隐含着对现政权的暧昧态度，这让宋庆龄、鲁迅相当反感。但胡适绝不妥协，他接连写了两封信给总盟，批评他们处事不慎重。之后又公开发表谈话，表示自己不赞成同盟“无条件释放政治犯”的原则。宋庆龄和蔡元培两次致电胡适，指出这一谈话违背同盟宗旨，要求胡适公开更正。后来又再次致电胡适，以命令的口气给他两条出路：一是“公开更正”，二是“自由出会，以全会章”。胡适因当时日军开始进攻热河，忧心国事，未有精力理睬。宋庆龄见状十分恼火，三天后，她主持召开临时中央执委会议，据说由鲁迅提议，会上做出的一条决议就是开除胡适。开除胡适之后，宋庆龄、鲁迅等依然不依不饶，鲁迅在《申报·自由谈》上发表杂文《光明所到》一文，开头就说：“中国监狱里的拷打，是公然的秘密。”接着对胡适冷嘲热讽：“而这回胡适博士却‘能够用英国话和他们会谈’，真是特别之极了。莫非中国的监狱竟已经改良到这地步，‘自由’到这地步；还是狱卒给‘英国话’吓倒了，以为胡适博士是李顿爵士的同乡，很有来历的缘故呢？”

一封查无实据的信件，在上海同盟、北平分盟之间造成一场纷争，导致胡适被开除，不能包容异见成为“中国民权保障同盟”最大的问题，成立半年后便分崩离析最终解体，似乎也不是偶然的。这里想说明的是，胡适反对无条件释放一切政治犯，是不是与他倡导的“人权”理念背道而驰呢？了解一下当时“政治犯”一词的具体含义就会发现，这个词汇包罗范围实在宽泛，因行使言论、出版、集会和结社等基本权利而被当局治罪，固然被称为政治犯；而出于政治目的、向所谓的“反动统治者”施行暴力，进行恐怖活动的人，同样也被当作政治犯。宋庆龄在《中国民权保障同盟的任务》中，要求释放所有这些人，特别是后一类人，她的理由是，欧美和中国政府早就释放

了不少从事恐怖活动之分子，例如汪精卫在大革命时期就是一个投炸弹的刺客，蒋介石政府也释放了刺杀张宗昌的刺客郑继成。这样要求释放一切政治犯，让向来主张以法治人的胡适很难认同。他坚决反对因思想言论而治罪，对于那些因言论、出版、集会和结社等而入狱的政治犯，无论其政治立场如何，他都坚定地要求当局无条件释放。但是，对于那些施行恐怖暴力以实现其政治主张的人，无论其说辞多么美妙动听，都不能不接受法律的制裁，如果任其“胡作非为”，必将造成更大的灾难。

胡适与宋庆龄的争议，说白了就是如何对待当时搞武装暴动的共产党的问题。与宋庆龄不同，胡适的立场超然独立，既反对国民党对共产党的暴力镇压，也反对共产党对国民党的武装暴动。他主编的《独立评论》就刊登过丁文江的一篇文章《所谓剿匪问题》，对国民党的暴力镇压进行猛烈抨击：“正式承认共产党不是匪，是政党——停止一切武力剿匪的计划与行动。”对“暴力革命”深恶痛绝的胡适已与宋庆龄、鲁迅等受共产党影响的左翼人士水火不容。“中国民权保障同盟”之争发生后，宋庆龄认为当时的形势是革命与反革命的决战，中间势力是“帮助国民党来维持它的统治”，因而“是最危险的敌人，应以主要的力量来打击这些妥协的反革命派”。她毫不留情给胡适戴上了“反动的和不老实”的大帽子。

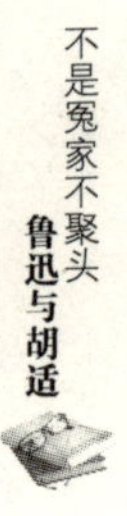

15. 英雄所见略同

鲁迅一步步向左转，最终加入左联，这是水到渠成的事。其实对马列主义的学说他一知半解，但是抛头颅、洒热血，为劳苦大众打天下的崇高情怀打动了他。他一直在黑暗中探索，但是几十年下来，还是一片迷茫。“十月革命”的成功、苏联模式的出现让他看到了希望的曙光。而胡适则与他完全不同，先是对苏联的模式表现出强烈的兴趣，认为是一种有益的尝试。但是很快他就看到这种政治模式背后的负面，对左翼文人便敬而远之。他与鲁迅一生最大的分歧就在这里：一个希望以科学与民主精神重塑国家，一个要成为劳苦大众的孺子牛。他们的政治主张分别被不同的集团所利用，两个人也分别被不同的政治集团争取，一个是国民党人的蒋介石，一个是共产党人的毛泽东。

鲁迅与毛泽东其实一生都没有见过面，但这并不妨碍他们

的惺惺相惜，根本的原因就是“英雄所见略同”。毛泽东要实现自己的政治主张，解放全中国，争取一位文化大师是最有说服力的证明。他比鲁迅小十岁，在鲁迅名满天下的时候，他还在长沙读师范。毛泽东在共产党内部也长期不能“显山露水”，一直到一九三五年遵义会议之后，才正式确定其进入常委。夏衍后来回忆说：“中国共产党的几起几落，都与第三国际有关，都与斯大林有关。”夏衍说法是真实的，从中国共产党第一届陈独秀到毛泽东的更换与任用，都与共产国际的指令密不可分，中国共产党就是共产国际领导下的一个支部，大家对共产国际都很迷信。

为了与国民党争夺宣传阵地，吸引民众支持共产主义，一九三零年春天，共产党在上海成立了中国左翼作家联盟，阳翰笙、夏衍、潘汉年、钱杏邨、冯雪峰、蒋光慈、郁达夫、柔石等五十多位作家参加。鲁迅自然是当之无愧的领袖，他也是

鲁迅先生在上海

共产党最早争取的对象。就在左联成立大会上，鲁迅发表了题为《对于左翼作家联盟的意见》：

坐在客厅里谈谈社会主义，高雅得很，漂亮得很，然而并不想到实行的。这种社会主义者，毫不足靠。并且在现在，不带点广义的社会主义的思想的作家或艺术家，就是说工农大众应该做奴隶，应该被虐杀，被剥削的这样的作家或艺术家，是差不多没有了，除非墨索里尼，但墨索里尼并没有写过文艺作品。（当然，这样的作家，也还不能说完全没有，例如中国的新月派诸文学家，以及所说的墨索里尼所宠爱的邓南遮便是）第二，倘不明白革命的实际情形，也容易变成“右翼”。革命是痛苦，其中也必然混有污秽和血，决不是如诗人所想象的那般有趣，那般完美。

我记得好像曾听到过这样一句话：“反动派且已经有联合战线了，而我们还没有团结起来！”其实他们也并未有有意的联合战线，只因为他们的目的相同，所以行动就一致，在我们看来就好像联合战线。而我们战线不能统一，就证明我们的目的不能一致，或者只为了小团体，或者还其实只为了个人，如果目的都在工农大众，那当然战线也就统一了。

鲁迅成了左联的精神领袖，在他和毛泽东之间，开始有了联络渠道。担任这个联络工作的，便是左联内部的党团书记冯雪峰，他也是左联的实际领导者。在左联工作三年后，他向毛泽东汇报工作，重点介绍的对象便是鲁迅。他告诉毛泽东，有一个日本人说，“全国只有两个半人懂得中国：一个是蒋介石，一个是鲁迅,半个是毛泽东”。还说鲁迅看过毛泽东的几首诗词，认为毛泽东有一种“山大王”的气概。毛泽东听了哈哈大笑，因为这话说到他心里去了，早在上井冈山之前，他在演讲中就表示要做革命的“山大王”。冯雪峰从陕北回到上海后，又向鲁迅介绍工农红军长征及毛泽东的“天才领导和军事上的战略与战术”。鲁迅听得非常认真，几次都是默默地微笑，“然后怡然

鲁迅一家和冯雪峰一家在一起

自得地，又好像忘我地，缓缓平静地说：我想，我做一个小兵是还胜任的，用笔！”

冯雪峰在鲁迅与毛泽东之间，如同一座桥梁。鲁迅与共产党交好，并且越来越融洽，全因为冯雪峰的桥梁作用。毛泽东早在瑞金时期就和冯雪峰说过：“我没有见过鲁迅，五四时期在北平，弄新文学的人我见过李大钊、陈独秀、胡适、周作人，就是没见过鲁迅。今晚我们约法三章：一不谈红米南瓜，二不说地主恶霸，我们不谈别的，只谈鲁迅。”毛泽东似乎有点遗憾，因为他与鲁迅的许多见解、主张简直如出一辙。或者可以这样说，鲁迅是坐在书房里的毛泽东，而毛泽东，是指挥千军万马的鲁

左联刊物《北斗》

迅。他们一文一武是如此的完美契合，怎么可以到今还没见过面呢？但他们一个在长征，一个在上海，一时很难见到面。但是现在有了冯雪峰的联络，他们很清楚对方的政治主张。后来鲁迅曾委人带火腿赠送给毛泽东，得知红军结束长征后，他还打电报向毛泽东表示祝贺。

16. 在革命的战车上

随着毛泽东的赞赏和毛泽东在延安话语权的进一步确立，鲁迅也变得一言九鼎，在浩浩汤汤的革命洪流里，他成为精神上的太阳。当年在上海亭子间期间，与他交好的瞿秋白，曾经成为共产党的总书记，更不用说陈独秀对他一如既往的欣赏。无论在井冈山时期的苏维埃还是延安时期的共产党，对鲁迅的敬重从未有丝毫改变，不仅严禁攻击鲁迅，还派出专职人员主持左联，牢牢将鲁迅绑定在革命的战车上。用毛泽东的话来说，就是“在军事和文化两条战线上同时反击国民党的围剿”。鲁迅因此被封为文化革命的主将，他的言行也没有让毛泽东失望。与共产党联手后，鲁迅更为增添了大无畏的英雄气概，这封回复给托洛茨基派成员陈其昌的信是在他的口述下，冯雪峰记录下完成的，发表在一九三六年《文学丛报》第四期：

陈先生：

先生的来信及惠寄的《斗争》《火花》等刊物，我都收到了。

总括先生来信的意思，大概有两点，一是骂史太林（斯大林）先生们是官僚，再一是斥毛泽东先生们的“各派联合一致抗日”的主张为出卖革命。

这很使我“糊涂”起来了，因为史太林先生们的苏维埃俄罗斯社会主义共和国联邦在世界上的任何方面的成功，不就说明了托洛斯基先生的被逐，漂泊，潦倒，以致“不得不”用敌人金钱的晚景的可怜么？现在的流浪，当与革命前西伯利亚的当年风味不同，因为那时怕连送一片面包的人也没有；但心境又当不同，这却因了现在苏联的成功。事实胜于雄辩，竟不料现在就来了如此无情面的讽刺的。其次，你们的“理论”确比毛泽东先生们高超得多，岂但得多，简直一是在天上，一是在地下。但高超固然是可敬佩的，无奈这高超又恰恰为日本侵略者所欢迎，则这高超仍不免要从天上掉下来，掉到地上最不干净的地方去。因为你们高超的理论为日本所欢迎，我看了你们印出的很整齐的刊物，就不禁为你们捏一把汗，在大众面前，倘若有人造一个攻击你们的谣，说日本人出钱叫你们办报，你们能够洗刷得很清楚么？这决不是因为从前你们中曾有人跟着别人骂过我拿卢布，现在就来这一手以报复。不是的，我还不至于这样下流，因为我不相信你们会下作到拿日本人钱来出报攻击毛泽东先生们的一致抗日论。你们决不会的。我只要敬告你们一声，你们的高超的理论，将不受中国大众所欢迎，你们的所为有悖于中国人现在为人的道德。我要对你们讲的话，就仅仅这一点。

最后，我倒感到一点不舒服，就是你们忽然寄信寄书给我,不是没有原因的。那就因为我的某几个“战友”曾指我是什么什么的原故。但我，即使怎样不行，自觉和你们总是相离很远的罢。那切切实实，足踏在地上，为着现在中国人的生存而流血奋斗者，我得引为同志，是自以为光荣的。要请你原谅，因为三日之期已过，你未必会再到那里去取，这信就公开作答了。

即颂大安。

鲁迅 六月九日

以深刻见长的鲁迅，着眼于当下中国错综复杂的现实问题，没有看破十月革命背后的暴虐倾向，以及它所带来的病根。而王国维却看得很清楚，他的自杀其实是先知先觉般地隐退。蔡元培也看出问题所在，这个老北大的校长虽然常有激进之举，但他一直不认同苏联顾问指导下的革命。还有陈独秀，他在寂寞中悟出人生真谛，最终重新回到了早先的自由主义立场。鲁迅作出了自己的选择，在目睹了国共破裂之后，他断然转向与共产党合作，接受马列主义，选择与毛泽东、与工农大众站在一起，一个红色时代如同毛泽东所说的星星之火，在中国大地上熊熊燃烧起来。

17. 一对似是而非的师生

在鲁迅与毛泽东交好之前，胡适早就与毛泽东有过交往。鲁迅与毛泽东到死也没有见过一面，而毛泽东，甚至亲临过胡适的书房。对于作家、学者来说，与决定中国前途的政治人物绑定在一起，不知道是幸运还是不幸。

早在一九一八年，毛泽东因向往胡适与鲁迅等新开创的新文化运动，毅然从湖南湘潭老家来到了北平，和蔡和森等八位新民学会会员一起住在景山东街一条叫三眼井吉安东夹道的小胡同里。此地一大好处就是离沙滩红楼很近，可以旁听胡适、陈独秀等大师讲课。他在北大图书馆找到一份图书管理员的工作，但是胡适一直不曾来借书。因为他负责登记，所有来借书的读者，都会到他这里来登记大名，“胡适”的名字一直没有出现过。也许他的书很多，不必到图书馆来借阅。

半年后，毛泽东终于与胡适有了一次零距离接触，那时胡适在北大开讲座，他正好有空，就过来旁听。他是一个勤奋好学的年轻人，来北大就是为了探索人生真谛。他坐在第一排，在演讲的间隙，毛泽东站起来，向胡适提出一个问题，胡适一愣，接着问："你是北大哪个系的？"这一问让毛泽东十分难堪，因为他只是北大临时聘请的图书管理员，他如实将自己的身份说了出来。

当时毛泽东住在北大四合院大门一侧，顺便帮北大当门房，经常在晚上关门后被晚归的教授们吵醒，要他起来开门。夏天还好，一到冬天，寒气袭人，每晚在被窝里总被叫起，一夜有好多次，让他颇多抱怨。教授们并不念他的好，甚至有一位教授看到毛泽东的字写得龙飞凤舞，建议图书馆换一个书记员，认为这样的字有损北大形象。这位教授做梦也没有想到，半个世纪后毛泽东的字在全国城乡铺天盖地。

一九一九年三月，毛泽东送同乡赴法留学，然后回湖南。临行前，他第一次来到胡适家中，胡适让他让进了书房。但是这一次两个人并没有多长时间的交流，因为毛泽东发现书房墙壁上贴着一条横幅：闲聊不过五分钟。他只略略坐了坐，胡适告诉他，要创大业也不必人人都要出国留学，在本乡本土照样可以做出一番大业。毛泽东回到湖南不久，在长沙创办了《湘江评论》，按期将杂志寄给胡适先生。胡适大为惊喜，随后在北

京的《每周评论》上撰文说："《湘江评论》第二、三、四期上的《民众的大联合》一篇大文章，眼光很远大，议论也很痛快，确实是现今的重要文字。还 有'湘江大事评述'一栏，记载湖南的新运动，使我们发生无限乐观。"那篇《民众的大联合》就是出自毛泽东之手。后来他为了反对湖南督军张敬尧，再度来到北平，与五位"新民学会"会员联名上书胡适，想争取支持。胡适在一九二零年一月十五日的日记中写道："毛泽东来谈湖南事。"

回湖南后，毛泽东寄给胡适一张明信片，内容如下：

适之先生：

在沪上一信达到了么？

我前天返湘。湘自张去，（新）气象一新，教育界颇有蓬勃之象。将来湖南有多点须借重先生(之处)，挨时机到，当详细奉商，暂不多赘。

此颂教安

毛泽东寄

寓长沙储英源楚怡小学校

多年以后的一九四五年，国民参政员傅斯年、黄炎培应中共中央毛泽东主席的邀请飞抵延安。毛泽东会见了他们，并请傅斯年向在美国的胡适转达问候，他说："代向胡适老师问好！"毛泽东谦虚地将自己当成胡适的学生，这让胡适很不平静，他后来亲拟一份电报，托国民政府外交部长、重庆谈判国民党代表之一王世杰择机呈给毛泽东，电文是：

润芝先生：

顷见报载傅孟真（傅斯年）兄转达吾兄问候胡适之之语，感念旧好，不胜驰念。

二十二晚与董必武兄长谈，适陈鄙见，以为中共领袖诸公，今日宜审察世界形势，爱惜中国前途，努力忘却过去，瞻望将来，痛下决心，放弃武力，准备为中国建立一个不靠武力的第二政党。公等若能有此决心，则国内十八年之纠纷一朝解决；而公等二十余年之努力，皆可不致因内战而完全消灭。美国开国之初，吉佛生十余年和平奋斗，其所创之民主党遂于第四届大选获得政权。英国工党五十年前仅得四万四千票，而和平奋斗之结果，今年得一千二百万票，成为绝大多数党。若能持之以耐心毅力，将来和平发展，前途未可限量。万万不可以小不忍而自致毁灭！以为为与董君谈话要点，今特陈达，仅供考虑。

胡适 八月二十四日

对于胡适在电报中提到的劝毛泽东放弃“武装”的做法，从炮火硝烟中一路拼杀过来的毛泽东信奉的是“枪杆子里面出政权”，他自然不能接受文人胡适的政治主张。他后来在延安干部大会上作《关于重庆谈判》报告时说：“国民党宣传说，共产党就是争枪杆子，我们说，准备让步，但是不是要把我们的枪交给他们呢？那也不是，交给他们，他们岂不又多了。人民武装，一支枪，一粒子弹，都要保存，不能交出去。”这番谈话算是对胡适的回应。

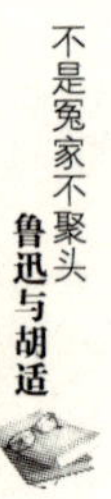

18.“卖身投靠”

与毛泽东之间似是而非的师生关系相比，胡适与蒋介石关系更亲近一些，更多相同的政治主张让他和他来往得更多一些——也许做成大师级的文化人都无法摆脱政治，政治制度说白了也就是文化的一部分。

胡适开始注意蒋介石，是在一九二七年四月南京国民政府成立的时候。当时他准备取道日本回国，许多朋友都劝他不要回来。高梦旦在信中说“时局混乱已极，国共与北方鼎足而三，兵祸党狱，几成恐怖世界，言论尤不能自由”。胡适在日本逗留了三个星期，不久，他在《新月》上发表《人权与约法》一文，严厉批评中国社会缺乏人权、缺乏法治的状况。他举例说，安徽大学一位学长因为顶撞蒋介石而被拘禁，家属只能四处奔走求情，却“不能到任何法院去控告蒋主席”，这就是人治。他指出，当务之急是要制定一部中华民国宪法，至少也应该制定一

部训政时期的约法，以保障人权，实行法治。随后他又写下《我们什么时候才可有宪法》、《知难行亦不易》批评了孙中山与蒋介石。三篇文章发表后，国民党上海市党部以“侮辱本党总理，诋毁本党主义，背叛国民政府，阴谋煽惑民众”为由，要求中央拿办胡适，此事最后不了了之。

一直到一九三二年十一月，胡适才在武汉拜访了正在汉口的蒋介石，胡适日记中写道：“下午七时，过江，在蒋介石先生寓内晚餐，此是我第一次和他相见，饭时蒋夫人也出来相见。今晚客有陈布雷、裴复恒。”第二天晚上，蒋介石又派秘书专程来请胡适共进晚餐。晚宴上，因顾孟余、陈布雷、陈立夫等人在场，没有单独谈话的机会，胡适送给蒋介石一本《淮南王书》便早早离去。后来他说：“依我的观察，蒋先生是一个天才，气度也很广阔，但微嫌近于细碎，终不能‘小事糊涂’。”一个月以后，胡适写下《改革政制的大路》一文，在公开场合下对蒋介石做了善意的评论：“他长进了；气度也变阔大了，态度变和平了。他的见解也许有错误，他的措施也许有很不能满人意的，但大家渐渐承认他不是自私的。”

这时候胡适与蒋介石来往颇多，蒋介石要他做驻美大使，甚至提名要他当副总统。蒋介石的家胡适多次过来吃饭，总统还派人给胡家送过一条鱼，甚至还给胡适做寿。一九三三年秋天，胡适从北平经过南京去上海，蒋介石听说胡适来了，就想见见他，请教有关美国的问题。宋美龄晚上问他："要安排几个人作陪？我好通知厨房。"蒋介石拍拍宋美龄的手背，说："不要铺张浪费，也不必去酒店，我见适之就想在家中，就想吃夫人做的上海点心，如果有福尝到，那就是对适之先生的最高礼遇——当然，对我也是一样。"宋美龄一听就笑起来："好的，我愿意当厨娘来招待适之先生，只是，多少年不做，手生了。"

第二天，胡适如约来到总统别墅，蒋介石正在等他。一会儿宋美龄从厨房出来，可把胡适吓了一跳，只见她身着旗袍，扎着个漂亮的花围裙，这可是胡适见过的最漂亮的厨娘，他一时感动不已。很快宾主坐定，仆佣将宋美龄亲手制作的美味佳肴一一送上来。胡适记得最多的是上海点心：蟹黄汤包、萝卜丝饼、枣泥年糕、蟹壳黄，还有一道菜清汤炖猪手，名为"赛熊掌"，据说此菜富含胶质，有助于美容，是宋美龄百吃不厌的菜品。

胡适就这样一步步"投靠"了蒋介石，与其说是"投靠"，不如说是改造，他希望用自己的民主思想改造中国的政治首领，当然也包括毛泽东。在骨子里，他一直都是不为党派立场所囿的自由思想者，他从来也没少批评过蒋介石的独裁和国民党的专制及其国民政府的种种腐败。他的思想历程与他的人生

一样坎坷曲折，但在精神气质上，他始终是专制的天敌。他卷入国共两党政治争斗虽非偶然，但并不为两党的政治沉浮所左右。他最不愧为新文化运动领袖之处在于：没有让他们当年高高举起的科学、民主两面大旗，最后在两党政治角逐中颓然倒下，这是他一生的自豪所在。他与鲁迅的分歧最后分属两个不同的文化阵营,最终出现两个完全不同的政治架构:一个是大陆，一个是台湾。

胡适与蒋介石在一起

不是冤家不聚头

鲁迅与胡适

LUXUNYUHUSHI

第二章　留美与留日

“人生最痛苦的是梦醒了无路可以走。做梦的人是幸福的；倘没有看出可走的路，最要紧的是不要去惊醒他。”

——鲁迅

1. 时来运转的“三先生”

胡适的老家是古文化积淀丰厚之地：徽州，这与人文荟萃的鲁迅故乡绍兴如出一辙。与绍乡的富饶不同的是，大山深处的徽州自古一向是民生凋敝的苦寒之地。但是因为与南宋都城临安（杭州）仅一山之隔，又因为地理的原因盛产笔墨纸砚文房四宝，所以徽州自古以来又是中国一块文化高地。因为人多地少，徽州人的眼光一直投向大山之外，经商的传统就一直承传下来。经商发了财，回老家修建深宅大院，造祠堂、办书院，几朝几代的努力，悠悠文风就在古徽州浩荡而起。如此得天独厚的条件，对聪明好学的胡适来说，真是一种幸运。生在徽州这样的地方，不好好读书实在对不起这一方水土。从徽州上庄村胡适家老宅子出来，在小胡同里转两个弯，就是著名的徽墨世家胡开文，浓浓的墨香长年在这片幽深老巷里浮荡。这不独是上庄独有的气息，在徽州，所有的古镇老村全都是这样的学

养深厚。乡绅大户人家也就罢了，就是一般的农家小户，也都有耕读传家的传统，女儿出嫁，会在她陪嫁的箱匣里放上几本绣像小说之类，沾染上一点纸墨书香，企盼着不久的将来她能生下一个小小书生——一代大师文豪，似乎只应出在这样的地方，也只能出在这样的敬重文化的地方。

胡适虽生于徽州，并且也姓古徽州“胡程朱汪”四大姓中的“古月胡”,但他这个“胡”并非徽州著名的“金紫胡”或“龙川胡”，而是由“李”改“胡”，被民间称为“李改胡”。传说唐朝昭宗即位时，大将朱温谋反成功。为了保护太子，宫中仆役胡三带着太子李昌翼逃回故乡徽州。怕人追杀，由李改胡，世人称为“李改胡”。太子李昌翼死后就葬在江西婺远（原属徽州）考水村，这里至今仍有古迹太子墓。太子走了，而李改胡却在徽州代代相传下来，传承了一千年，假胡之假终于变成了真。

胡适的父亲胡传（字铁花）就是李昌翼的后人，这个徽州男人也如同鲁迅的父亲周伯宜一样，在科举考试中久考不中，做做生意，修修家谱，转眼之间就是四十多岁。

一个完成了编撰家谱、建造宗祠又年过不惑的徽州老男人，其实已经等同于老人，已经是一个很老很老的老人，但胡传的从政之路却传奇般地从头开始：由家族富商胡嘉言资助一百块银元，他从上海借道水路抵达天津又至北平，寄宿在宣武门外椿树头头条胡同绩溪会馆。又得到族兄胡宝铎的鼎力相助，将他介绍给钦差大臣吴大澂。吴大澂是胡传生命里的贵人，他的四十岁人生从此发生惊天逆转，面对胡宝铎与张佩伦的两封推荐信，这个爱才如命的钦差大臣又看到徒步千里万里投奔而来的胡传，马上将他收留在身边做幕僚。身躯魁伟、浓眉大眼的胡传感动他这份知遇之恩，一会儿在东北深山老林编参户保甲，兼差十三道戛牙河勘测地势。一会儿被遣往海南岛天涯海角、黎峒山乡考察，或随吴大澂调任河道总督，北上郑州，督修黄河大堤。继而又飘零台湾岛，驻守边关。尽职尽责的胡传，其人其行深得上司器重，最终驻守台湾岛，多次身染瘴疠，九死一生，甚至弹尽粮绝孤守疆城，却总能化险为夷。用民间的说法，便是命大福大造化大。

这一年秋天，上庄又一次举办祭神敬祖的太子会，（大概也是为了纪念那个由李改胡的太子李昌翼），在外游历了一圈的胡铁花回来了。虽说他的官职并不算大，但回到上庄村，却是一个衣锦还乡的大官，人人对他都有点畏惧，甚至烟馆、赌场都关门歇业，不愿意给胡传留下游手好闲、好吃懒做的印象。胡适在《四十自述》里详细描写了其父归乡的情状：“只见路上行人都纷纷让开一条路，只听见许多人都叫‘三先生’，前面走来了两个人，一个高大的中年人面容紫黑，有点短须，两眼有威光，令人不敢正眼看他，他穿着苎布大袖短衫，苎布大脚管的裤子，脚下穿着苎布鞋子，手里拿着一杆烟管……”这个威严场面是上庄人心中共同的记忆，许多年后，上庄人仍然对这一年的太子会记忆犹新，因为它是上庄人称“三先生”的胡传回家的那个太子会，这个秋天的太子会变得不同凡响。在上庄人记忆里，“三先生”就是个不同凡响的人，那个秋天的太子会自然也不同凡响。整个上庄的烟馆、赌场都关门歇业，村街上人们都在看太子会，大家也屏住呼吸分站两侧目睹着人高马大、面黑如墨的“三先生”衣锦还乡。

这便是上庄人心目的男人，这是吃干饭（上庄人节省，平日从来都将干饭给家中男人吃，女人则吃稀饭）长大的顶天立地的男人，在走遍苍茫大地、历经人世沧桑之后，他成了一匹“徽骆驼”——也就是这匹徽州人心目中最能吃苦的“徽骆驼”，最终撑起了上庄胡家岌岌可危的门庭。

2. 愁容满面的县太爷

胡传五十二岁那年被调防台湾，这个浓眉大眼、愁容满面的汉子带着十七条火腿、九十个皮蛋、四十支毛笔，还有两坛绍兴酒去了那个海中孤岛。

胡传其实打心眼里讨厌这次台湾之行，他在江苏税务督察任上做得很好，与巡抚刚毅关系也很好，这次调他去台湾，完

胡适的父亲胡传

全是台湾巡抚邵友濂搞的鬼。刚毅向皇帝奏折，想留住胡传，皇上坚决不同意，他只好带着一肚子怨气来到台湾。他舍不得上海的爱妻与娇子，还有小东门内那个温暖的家。漂泊了十几年，一直没有续娶，就是因为生活不能安定。现在在江苏候补，生活稍稍平稳，他就娶了农家姑娘冯顺弟，就是想过平常人的小日子。则结婚不久，他就将她接到上海生活。那短暂的同居时光是快乐的，也是幸福的。那时候胡适刚刚出生，正牙牙学语，胡传空闲时间居多，就教冯顺弟认字。他很有耐心，将红纸裁成一个一个小方块，然后将字写在红方块纸上，写了一千多个。每天晚上，他就在灯下教她认字，那是这个小家最温暖宁静时分。胡适稍长后学习生字，冯顺弟借机温习熟字，有时候他忙起来，她就做代理老师，一字一句教胡适。胡适是极其聪明的孩子，不长时间，就认识了一千多字。胡适后来说："这些方字都是我父亲亲手抄的楷字，我母亲终身保存着，因为这些方块红笺上都是我们三个人最神圣的团居生活的纪念。"

他们一家最好的日子其实是在台湾，那时候冯顺弟年轻温柔，胡传正值壮年，两个人恩恩爱爱如胶似漆。跟随着父母在椰风海韵之间穿行，小小的胡适非常快乐。可这份快乐像昙花一现，很快就消失了，仿佛从来不曾出现过，《马关条约》的签订将停泊在花港渔港中的乌篷船一下推入惊涛骇浪之中。面对这样的局面，胡传有过悔恨，有过难受，但他显然没有想到他会死在亚热带带咸腥味的海风中。初到台湾时，愤恨过后他还是很积极，这是他做人的本分。他乘坐小火车开始了环岛之旅，从东到西，从南到北，把那个小小的卵蛋一样的台湾岛跑了个遍。他也真是个积极分子，看到什么就上奏什么，结果弄得许多同僚记大过、丢了官，他自己也累坏了身体。回家看到老婆孩子，他愁容满面。几个跟班的都得了瘴疠死了，他慌了神，怕拖累老婆孩子，赶紧让家人回徽州老家。他也向上呈文，吵着闹着要调回大陆，他很害怕，怕自己像那些随从那样，走着走着就突然倒毙在路旁。他经历过无数次死里逃生大劫大难，但是在台湾他却贪生怕死，他怕自己死在海上，无法还乡。可是，在他的热切期盼中，他的呈文被驳回，不但不许他回大陆，还将他改任“台南盐务总局提调”——又是一桩搜刮民脂民膏的勾当，他痛苦得无以复加，提笔给老师毛大澄写信，恳求这位湖南巡抚出面帮忙，干脆放他“生还”大陆，他想“退归老乡里，仍读我书，庶不自失耳！”

时来运转的事发生在一八九三年，胡传的顶头上司邵友濂顶替了他的老师毛大澄，唐景崧调任台湾巡抚，他如愿以偿去“代理”了台东直隶州知州，也就成了台东县的县太爷。这份官职

虽然仍在台湾,但可以稳定下来,安居下来。胡传干得十分卖力,今朝“斋戒求雨”,明日查禁鸦片。转过年,甲午战败割让台湾,平静的生活被战争替代,胡传绝望了。在日本兵攻陷宜兰那天,他写好遗书,一式五份,四个儿子一人一份,冯顺弟一份。冯顺弟的这一份很简单,只说穈儿(胡适乳名)天资聪明,应该令他读书。旁边附了几句话给胡适,要他努力读书上进。他被允许离开台东那天,脚气病已经很严重,偏偏在路上又两次遇到土匪,死里逃生。千辛万苦到达安平,上吐下泻,身体彻底垮了。坐船三天到达厦门,胳臂完全不能动弹,又三天后他死在厦门。

那年胡适不到四岁,他的记忆相当淡薄,那时候正值初秋新凉,他穿着短裤和背心,与母亲坐在老屋堂前剥毛豆。母亲心不在焉,常常将毛豆米与毛豆荚错放到一起。自从由台湾回到徽州后,她牵挂着远在海上的丈夫,一直恍恍惚惚。几个伯母婶娘也在一旁劝慰,说三先生命大福大吉星高照,这一生经历过九劫九难,最后都平安过来了。冯顺弟只是听着,并不多说话。就在毛豆快剥完时,有人拿来一封信,信封上的字迹并非熟悉的胡传之字,冯顺弟起了疑心,心急火燎地折开,当即读起来,当读到胡传客死厦门时,冯顺弟身子往后一倒,连带坐着的竹椅子也倒在房门槛上。珍伯母和婶娘也放声大哭,一

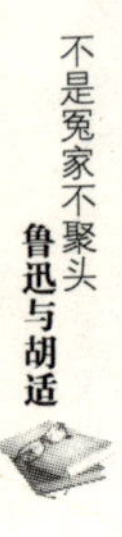

屋子全是悲伤绝望的哭声。胡适小手里抓着几颗毛豆愣在那里，他后来回忆说："一刹那间，我只觉得天地都翻覆了！"

3. 可怜的小寡妇

在农耕时代，当家主事的男人撒手西天，一众家小艰难困窘的日子可以想见。在胡适的记忆里，上庄老宅里的岁月黑暗幽寂，就像一坛又臭又浓的胡开文徽墨。

胡传去世那年，冯顺弟其实才二十三岁，生活在这样一个风雨飘摇的老家族里，小寡妇的日子十分不易，因为经济命脉都掌握在和她年龄相仿的胡适的哥哥们手里，她又是非常要强的女人，自己不挣钱，凡事都看人脸色，这样的日子想起来让人揪心。胡适后来之所以对母亲百依百顺，甚至接受了他根本不爱的江冬秀，最根本的原因是出于对母亲的爱，不忍心让母亲失望，母亲这一辈子过得太不容易，他不忍心再给她平添困扰。当然，徽州的女人从来就不容易，她们之所以为世人称道，

就是因为坚贞与忍耐。除了无奈与坚忍地熬着漫长无涯的岁月，再没有别的办法。冯顺弟当然也是如此，她想彻底改变自己的命运，至少在后半生有所改变，唯一的希望只能寄托在儿子胡适身上。这时候胡传的遗嘱就起着至关重要的作用。徽州的家族传统在此时尚未全面崩溃，父母之命媒妁之言就是金口玉言，孝子贤孙即便心里一百个不愿意，也不敢公开违抗。冯顺弟看着越来越大的胡适，她在寻找合适的机会。

这个机会终于来了，那一年正月十六，元宵节刚过，胡适三个哥哥在家过了年，正准备外出经商。突然一场大雪封住徽山，几个男子就在家多待了几日，正月无事，大家都守着炭火盆喝酒。那天看到几个人喝了酒后面色红润，冯顺弟想趁着他们高兴说出这件久埋心头的事。她先做了些铺垫，一个劲地给他们添酒加菜，还烧了个徽州名菜一品锅。平常她们女眷在家都过着清苦日子，从来不舍得吃一品锅。看看几个哥哥酒喝得差不多了，冯顺弟倚在木门前有点嗫嚅地开了口："有句话趁你们哥几个都在家，我想说说，也不知当讲不当讲。"几个哥哥当即停下筷子不说话，冯顺弟继续说："你老子（父亲）在遗书上写了，说穈儿能读书，他今年都十一岁了，你老子叫他念书，你们看看他念书可念得出？"老大根本不听，他一向在家百事不管。老二胡嗣秬没说话，他自己就是个读书人，知道读书的好处，可是

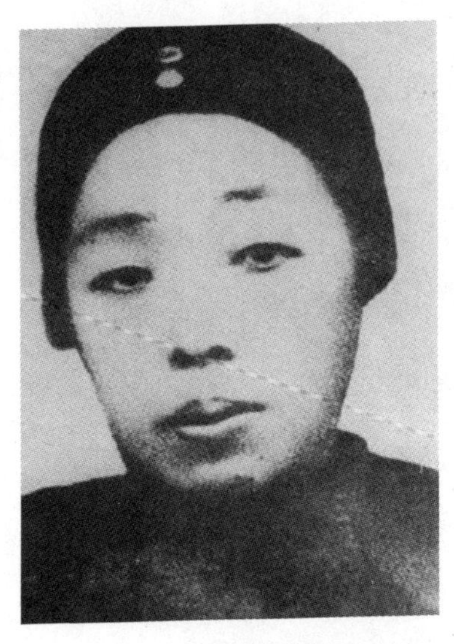
可怜的小寡妇——冯顺弟

现在家境不比从前，他确实也很为难。老三是过继给人家的，冷笑着说:“哼，念书！”然后就起身走了。

胡嗣秬端坐在那里始终不发一言。冯顺弟有些难堪，忍着气站了一会儿，掉头回到房间。胡适过了半天悄悄来到母亲身边，发现母亲坐在那里默默掉泪。冯顺弟只能默默伤心，从不敢放声痛哭。胡适外出读书之事就这样不了了之，他有些糊涂，也有些孤单地和母亲生活在这座逼仄幽暗的老宅子里，生活在老老小小几十口人之间，其间的艰难与磨折外人难以想象。男人们虽然狠心无情,但他们长年在外,相处机会较少。而女人们则不同，日日相处在一起，一旦生出矛盾，便如同乱麻缠绕，剪不断理还乱，这一点连小小的胡适也能看出来，他后来回忆说：“她们还不曾有公然相骂相打的事，她们闹气时，只是不说话，不答话，把脸放下来，叫人难堪。二嫂生气时，脸色变青，更是怕人。她们对我母亲闹气时，也是如此，我起初全不懂得这一套，后来也渐渐懂得看人脸色了。我渐渐明白，世间最可厌恶的事莫

如一张生气的脸，世间最下流的事，莫如把生气的脸摆给旁人看，这比打骂还难受。”

冯顺弟虽然和她们年纪一般大，但论辈分却是长辈，理当得到晚辈孝敬与尊重，可是因为胡传去世，她孤儿寡母，吃受气饭是免不了的。某一天，二嫂不知因何又生起闷气，毫无来由地将她儿子拖到院子里一顿毒打，边打边骂，指桑骂槐，句句冲着冯顺弟来。在这样的家庭长大，胡适也早早懂得人情世故，他偷偷看着母亲脸色，母亲知道二嫂打的是自家孩子，骂的就是她，而且骂人的话是那么歹毒。她气得浑身发抖，依然不和她们吵，吵的结果只能是将来的日子更加难过。她走到邻家去说闲话，好回避这里的争吵——没有人当看客，那院子里母子的“表演”也进行不下去。

可是二嫂不会就此罢休，她一连十天半个月进进出出都板着一张脸，咬着嘴唇，间或还骂猪和鸡，或狠狠往地上跺一跺脚。冯顺弟实在气不过，就拿出自己的“绝招”：不吃晚饭，早早关上房门，放声痛哭一场。这一次是大声痛哭，哭得像唱山歌一样，夜深人静时分，如此悠长的哭声左邻右舍全听得到。冯顺弟哭早逝的丈夫、年幼的孩子和自己的苦命。她越哭越伤心，她是真的伤心绝望了，直哭得泪水滂沱，让众人揪心不已。那个肇事者也于心不忍，想到了早逝的公公，也开始自责自己对

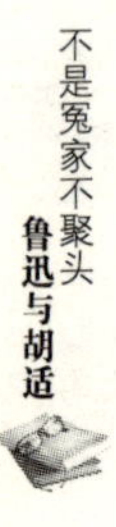

晚娘婆母有点过分。她也怕犯了众怒，穿衣起床，然后轻轻敲门。胡适像只乖巧温顺的小狗萎缩在妈妈身边，他不知道如何劝慰母亲，也不说话，只是在黑夜里睁着发亮的眼睛。听到敲门声，他下床打开门，这些天闹得最凶的二嫂一手执灯盏、一手端着一碗滚烫的炒米糖开水，慢慢走到床前，弯下腰来说："别哭坏了身子，来，我泡了炒米糖开水，你起来喝一口吧，热的。"冯顺弟就不哭了，略略迟疑了一下，起来接过碗，慢慢喝下去。二嫂就在床前站了一会儿，然后退出去。她们自始至终不再说话，也没有提到任何人，但是双方都心知肚明。

这一场哭泣之后，家里至少有两三个月太平的日子，然后又开始新一轮的板脸、闹气、哭泣——童年胡适和母亲在上庄的日子，就是这样轮回了一年又一年。

4. 最初的分歧

最初的分歧从胡适与鲁迅迈出家门那一刻就决定了，与其

说是留美与留日的分歧，还不如说是上海与南京的分歧。命运真的充满趣味，很多时候，你不得不用唯心主义去解释他。

在上海出生又去过台湾的胡适，后来带着认识的一千多个汉字，又回到了故乡上庄。这位被上庄人称为“穈先生”的孩子是个聪明的孩子，九岁那年，偶然在四叔东边小屋里玩耍，在一处少有人去的老房子里，他发现一本被老鼠咬坏、且没头没尾的破书，开篇就是“李逵打死殷天赐”。后来他从四叔那里得知，这本书叫《第五才子》，其实就是小说《水浒传》。他一口气读完了残本，欲罢不能，天天催着四叔要看《第一才子》和《第二才子》。他后来说：“这一本破书忽然为我开辟了一个新天地，在我的儿童生活史上打开了一个新鲜的世界。”这一点令人想起沈从文，当年糊里糊涂的沈从文在远房亲戚、民国总理熊希龄家玩，偶然发现一部狄更斯的长篇小说，一片神奇的由文学构成的世界在他面前展开瑰丽的一角，他后来毅然离开封闭的湘西，投身到一片广袤的世界，就是被这件偶然的小事触发。胡适之、沈从文少年的经历都是偶然的，但谁又能说这不是一种必然？

徽州家家都有在外经商、跑码头的人，很多人家都有敬字惜纸的良好传统，胡适很快又读到了《红楼梦》、《聊斋志异》和《儒林外史》，甚至看过当时令人耳目一新的书《经国谈美》，美国

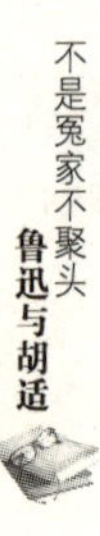

就这样最早进入少年胡适的视野。胡适有一个族叔叫近仁，十几岁就考取过秀才，很早开笔做文章。他与胡适很要好，家中藏书全借给胡适，在外借到的好书全都送来给他先看。胡适一借到好书，马上就向他推荐。两个人都有一个小本子，上面记载着看过的书，他们常常拿出本子作对比，看看谁读过的书多。

胡适读了很多书，开始喜欢讲书，上庄那些比他大或小的本家姊妹，几乎都听过他讲书——一到农闲或者雨天，那些村女们都兴高采烈地围坐在一起，叫来“糜先生”给她们讲故事，她们手里的活儿并不停下——缝衣服或纳鞋底，耳朵专注地听糜先生讲故事。讲故事的好处就是逼着他将文言文改为白话文，再用徽州方言说出来。故事讲完了，他总能得到一碗炒米糖开水或蛋炒饭。多年以后，胡适仍然记得那些听他讲书的姑娘的名字：胡广菊、胡多菊、胡杏仙……其实胡适后来领导的新文化运动、文化改良刍议，应该早在徽州、在上庄那些厢房里或屋檐下的讲书中，就已经开始现出一些雏形。但是如果他不去上海，如果他一直待在上庄老家，那么他顶多也就是徽州深山古村里、一个老花镜吊在鼻子上的、又酸又臭的腐儒，但是命中注定他来到上海，这完全得益于二哥胡嗣秬。首先他自己就是个读书人，看到人人都说这个同父异母的小兄弟能读书，而父亲大人的遗嘱也用白纸黑字写着，更何况学费晚娘说她自己

徽州少年胡适

出。而就读的上海梅溪书院，就是家父生前最敬佩的一个朋友张焕纶先生在主持。这样一个徽州贾儒世家，如果让胡适荒了学业，真是天大的罪过。而他此时也正在上海川沙打理着家里的一家老字号茶叶店，他几乎没有办法推辞。在一九零四年春天，胡嗣秬回家接一位肺病晚期的兄弟去上海治病，顺便也将十三岁的胡适带往上海。在那场密密麻麻的春雨里，十三岁的少年胡适离开徽州老家，而那个时候，二十三岁的鲁迅已从南京江南水师学堂毕业，正在日本仙台医学专门学校里，百无聊赖地背着“麻醉规范”。

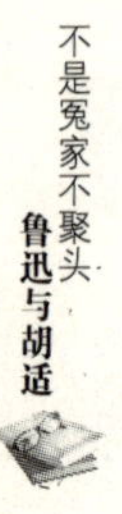

5. 乌毡帽、乌柏树、乌篷船

鲁迅故乡绍兴有著名的“三乌”:乌毡帽、乌桕树、乌篷船。“三乌”出名了很多年，到现在依然很有名。去绍兴，河道上尽是弯弯的、黑黑的乌篷船，摇船的船工一律戴着绍兴特有的乌毡帽，一叶扁舟、桨声咿呀，前面是一座接一座水泡般的青石桥。而河道两岸，尽是一棵又一棵又老又丑的乌桕树，上面垒着黑黑的乌鸦窝。如果要是留心的话，还可以找到另一些乌黑的东西，比如乌黑发亮的梅干菜和酱萝卜。白白嫩嫩的萝卜在绍兴酱缸里被腌制得乌漆抹黑，一直黑到心里去。吃到嘴里，也是一味的死咸。在这样一个霉味扑鼻、乌漆抹黑的农耕古城里，是很难孕育出鲜活亮丽的青春与生命。如同胡适老家尽出八面玲珑的小朝奉一样，绍兴尽出老谋深算的大师爷，其实一点也不奇怪，都是一片风水使然。

周家原籍湖南道州，后来迁居绍兴，到鲁迅祖父周福清这

一辈，已经繁衍生息了十三代。他们的先祖原是地地道道种地的农民，后来经商发家，摇身一变成为拥有大量土地的地主，并且已经搬进了绍兴城。一八八一年浙江绍兴府城内东昌坊口，鲁迅出生了。当然，他那时候名字不叫鲁迅，也不叫树人或豫和，而是叫樟寿。鲁迅从小在绍兴长大，自然戴过乌毡帽的。冬天天冷，绍兴的大人小孩人人都有一顶乌毡帽。他肯定也坐过乌篷船的，比如说去郊外外祖母家安桥头，肯定要坐乌篷船。乌篷船不仅仅是绍兴人的交通工具，也是他们的谋生饭碗，家家都有的，停泊在后门口水埠上，有时一家拥有好几条，像一叶叶荷花花瓣，静静漂泊在那里，如果有月亮的晚上，月亮浸在河水里，一软一软的晃动，再配上乌篷船，很有些诗情画意。如果没有这些新月一样的乌篷船，水乡绍兴人简直不知道该如何生活。乌柏树又丑又歪，是做乌篷船的极好材料，少年迅哥儿也会经常攀爬乌柏树的。夏天额头生了疖子，从不用去看医生，自己摘一片乌柏叶用唾沫湿润粘在疖子上便好。男孩们打仗的“兵器”，也离不开那如花一样好看的乌柏籽：厚竹片剖出一排隙缝，下部以麻绳或铁丝捆扎，不至于让竹片剖裂。掰开竹缝夹入雪白光滑的乌柏籽，一排隙缝夹一排乌柏籽，冲到对手面前用力一握，七八粒乌柏籽如同子弹般射向“敌人”。鲁迅多次写到乌柏树，在著名小说《风波》里，他四次提到乌柏树：

少年鲁迅

"临河的土场上，太阳渐渐的收了他通黄的光线了。场边靠河的乌柏树叶，干巴巴的才喘过气来，几个花脚蚊子在下面哼着飞舞。面河的农家的烟突里，逐渐减少了炊烟，女人孩子们都在自己门口的土场上泼些水，放下小桌子和矮凳；人知道，这已经是晚饭的时候了。"

鲁迅就在这片乌柏树遮蔽的乡场上长大，长成一个饱读诗书的孩子。他的家在小城绍兴算得上名门望族，有几十亩水田和好几处房产，聚族而居的周家人全住在一个朝南的大宅院里。这是一个深宅大院，有天井，有菜园，有年迈的老祖母和被他称为长妈妈的老保姆。祖父周福清进士出身，殿试人选为翰林

院庶吉士，相当于现在的国务院秘书处。后来又被派到江西金溪县做知事，在那里当官的时候，与知府不和，终被免职，不得不卖掉田产，到京城买了一个内阁中书的官职。父亲周伯宜在鲁迅眼里是个严酷而又沉默的男人，秀才出身，他对鲁迅的管教只有一个字：严。每日布置的书不可不读，有时候他像影子一样出现在鲁迅身后，把鲁迅吓一大跳。鲁迅不知道父亲会在什么时候像幽灵一样出现，唯有不分昼夜读死书，死读书，把在绍兴所能借到的书读了个遍。父亲仍然不满足，在他十二岁时，将他送到绍兴城最著名、最严厉的三味书屋去读书。从家里的百草园到城里的三味书屋，虽然有读书的压力，但是生活对于少年鲁迅来说，一直是丰足的，平静的。世界还没有来得及将黑暗的一面在他这个士大夫家小少爷面前展开，他的好伙伴闰土还很小，他们一同去月下玩耍，如同《故乡》里描写的那样：

深蓝的天空中挂着一轮金黄的圆月，下面是海边的沙地，都种着一望无际的碧绿的西瓜，其间有一个十一二岁的少年，项带银圈，手捏一柄钢叉，向一匹猹尽力的刺去，那猹却将身一扭，反从他的胯下逃走了。

文墨之乡、富裕家境、好学品性再加上聪明的头脑，这一切都保证了鲁迅一生走得顺风顺水，像胡适或徐志摩那样留学欧美也是指日可待的事。可鲁迅为什么后来弄得连书都读不下去呢？原来是家里出了一件大事：在京为官的祖父周福清因行贿被判了死刑，家道一下子败落下来。用现在的话说，少年鲁迅一下子从富二代变成了穷屌丝。周福清的死刑很有意思，叫"斩监候"，意思是不立即执行，就如同现在的"缓期执行"。可是与"缓期执行"又有所不同,缓期一般不死,但这个"斩监候"不是这样，它的意思是先押着，什么时候杀头，看皇上高兴不高兴。皇上一高兴，没准就放了。皇上如果哪天不开心，也许哪天就拉出去斩了。这桩事像一个悬在空中的剑，不知道哪天砍下来。周家人成天提心吊胆，什么才叫活受罪？这便是。鲁迅后来对人生洞若观火，其实完全来自于少年时期的家道沉浮的历练。在很长时间里，家中就靠当老货过日子。明明值一百块大洋的东西，到当铺只能当出五块钱。而且大人都不好意思去当铺，就让小小的鲁迅去做这件事。后来在《呐喊》自序中他说："有谁从小康人家而坠入困顿的么？我以为在这途路中，大概可以看见世人的真面目。"

鲁迅看到了血淋淋的真实人生，家道中落给了他这么一个千载难逢的机会。

6. 葫芦僧办了桩葫芦案

鲁迅的祖父周福清好端端地为人做官，怎么就被判了个“斩监候”呢？这话说来就长了，有点像《红楼梦》中的葫芦僧办了个葫芦案，真是人要倒霉，喝凉水都塞牙。

一八九三年，周福清因母亲戴氏去世，在绍兴城家里“丁忧”。在古代，官员的父母去世，官员必须停职持丧守孝三年。据《尔雅·释诂》云：丁，当也。是遭逢、遇到的意思。忧，居丧也。所以古代的“丁忧”就是“遭逢居丧”。周福清头一年“丁忧”平安过去，第二年就出大事了。当年在杭州举行江南乡试，京官殷如璋出任乡试的正考官，准备取道运河由苏州辗转来杭。说来也巧，殷如璋与周福清同为京官多年，私交很好。听到这个消息，他不禁眼前一亮，决定请殷如璋帮忙，让屡考不中的儿子周伯宜“中举”。这只是他埋在心里的想法，不知怎么走漏了风声，又有章、马、陈、孙、顾五名沾亲带故的秀才找到了

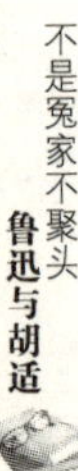

周福清，想通过他的关系一同去行贿主考官，并愿意出一万两银子打点。周福清起初不肯，但为了屡试不第的儿子也能步入仕途，他心存侥幸，最终决定铤而走险。考虑到在杭州会有诸多不便，得知殷如璋在苏州稍事休息，他决定在苏州密会殷如璋。半个月后，他带着仆人阿顺水路先至上海，然后再转水路来到苏州。终于在某天的傍晚，他们的小船与殷如璋的官船在阊门码头相遇。

周福清也许怕难堪，也许实在不好意思在老朋友面前提起这件难以启齿的事，事到临头他选择退却，将那封写给殷如璋的信交给了仆人阿顺，让他去找殷如璋。当然，那封信早就在家写好了，在信中他将考生在考卷中做手脚用的标记一一告诉了主考大人，方便他到时准确识别。当然，他也没忘了同时附上一张一万两银子的银票。他以为只有银子到位，这桩事肯定十拿九稳。况且在当时科考制度下，这样的行贿之事也是司空见惯。哪知道那位仆人阿顺笨得出奇，他也不懂得什么官场规则，坐着小划子接近了那位殷主考的官船时，主考与副主考正在舱内谈话，并有苏州地方官上船拜访。阿顺也不看合适不合适，就把信和银票交给了随从，让他马上转呈给殷主考，是急事。随从见是内阁中书周福清的来信，又有银票，不敢怠慢，就拿进去递给了殷大人。在场的副主考和苏州地方官马上明白了怎

么回事，都很尴尬。他们有的端起茶杯假装喝茶，有的转过脸看看窗外，只当没看到那封信。殷主考将信推到一边，用书盖上，继续和客人交谈。

阿顺在小划子上左等右等不见下文，不由得心急如焚，万一这个殷大人收了钱不认账，那可怎么办？一万两银票，他怎么向周大人交差？最后他急得实在没办法，只好对着官船大喊了一嗓子："殷大人，信封里面还有一万两银票，老爷你拿了银子，怎么也得给个回过话或者写个收条，小人好回去交差！"他还以为官场行贿就像他在早上在菜市买小菜一样，一手交钱一手交货。他这么一喊，殷大人再也坐不住了，让随从去制止。但是随从越不让叫，阿顺越害怕，以为是随从贪污了，越发叫得厉害。河两岸很多居民都听到了，大家知道了是怎么回事，像看把戏似的议论纷纷。殷如璋吓得面色如土，现在他只求自保，公事公办示意副主考拆阅周福清的来信，结果周福清行贿事实完全暴露在苏州官员眼皮子底下。殷如璋只好摆出一副义愤填膺的样子，当即差人将阿顺拿下，"押交苏州府收审"。这位老实巴交的阿顺哪里受得了如此惊吓，当即供出自己是受主子周福清的指使。

周福清听到喊声早知道事情不妙，后来他无法控制事态发展，又羞又怕，立马掉头跑到上海躲了几个月。自知此事终是躲不过去，为了不牵累亲朋家人，他只好去绍兴府衙投案自首。当时负责审理这个案子的是浙江按察使赵舒翘，他觉得科考舞弊实在太多，大家都没事就他被摊上了，这个周福清实在运气太背。他很是同情，就把周福清的死刑判了个“斩监候”，暂时先免死，留下活口其他的以后再说。周福清保住了一命，在杭州监狱里一待就是八年。几年后八国联军进京，刑部奏请赦免犯人，得到慈禧的批准。刑部尚书薛允升也是周福清的同年进士，同情周福清在科举舞弊相当普遍的情况下获罪，便援引此例，举一反三，将远在杭州的周福清也列入赦免名单。就这样，周福清稀里糊涂地被释放了，一贫如洗地回家幽居，三年后病故。

一场变故，把鲁迅的家境全改变了，也完全改变了一个青葱少年心灵上的伤口，一生一世也没有治愈。

7. 在甫皇庄讨饭的小叫花子

父亲的入狱、家道的败落、世人的嘲弄、岁月的艰窘像一

块沉重的石头压迫在周伯宜心上，最后他终于支持不住，病倒在床。

周伯宜得的是肺病，这在当时差不多是绝症。治病需要钱，可是家境已经到了山穷水尽的地步，唯一的办法是靠变卖衣服和首饰来维持。那几年，鲁迅隔十天半个月就到当铺里去一次，把衣服或首饰送上比他高出一头的柜台。在轻蔑的目光中接过了一点可怜的钱，然后再到药店里，在和他一样高的柜台前，给久病的父亲去买药。一样的高不可及的柜台，一样的冷嘲热讽的目光，让鲁迅抬不起头来。在这个小小的绍兴城里，谁不知道他是周家大少爷？现在，这个少爷就靠卖家当为生，这让少年鲁迅生不如死。更可气的是当铺里的小朝奉一律狗眼看人低，明明是值一百大洋的东西，他只出价五块。鲁迅稍作争辩，他便将东西从高高的柜台上推下来："那你拿走罢，我们不要。"鲁迅怎么拿走？父亲奄奄一息，家里揭不开锅，就等着这五块大洋去救命。他只好忍气吞声，再一次将东西拿到柜台上，求那个尖嘴猴腮的小朝奉开恩。

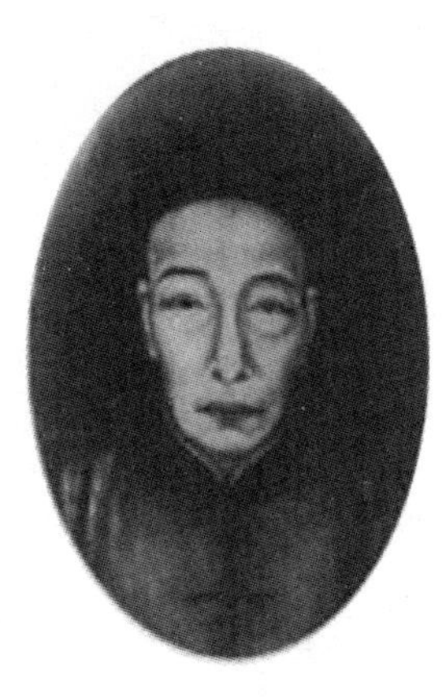

鲁迅的父亲周伯宜

当铺的脸是横的，药店的眼是白的。那个老庸医知道周伯

鲁迅的母亲鲁瑞

宜的病不会好，就变着法子来骗钱。一开始他们并不知道周伯宜是肺病，前后在三家诊所诊治了两年，竟没有一个医生说得清楚，也不让他去上海、杭州医治。那时候他吐血很厉害，就开方研墨给他喝，据说因为血是红的，墨是黑的，黑色可以冲掉红色，这样就可以治好他的病。最后喝墨喝得满脸漆黑如墨，病情自然一天天恶化，并且开始水肿。家里无奈，只好托人请来当地的名医何廉臣，诊费自然很贵，开出的“药引”却更加古怪，常常是“蟋蟀一对”，而且“要原配，即本在一窠中者”，随便捉来的雌雄蟋蟀是不能用的，也许是嫌这对蟋蟀夫妻是乱配鸳鸯，有伤风化，不配做药引。鲁迅兄弟为了寻找这种药引，就到“百草园”的菜地里拼命翻土块，好不容易找到在一起偷情的一对蟋蟀，土块一掀开，它们眨眼间就蹦跳开。弟兄两人分头追赶，如果只捉到一只“奸夫”，让“淫妇”跑了，不能做

药引，只好把捉到的“奸夫”也放走。

父亲的病一拖好几年，家里终于一贫如洗，老货能卖的全卖了，鲁迅成天苦眉愁脸。家族里几个姨婆婶娘劝他：“你不如看看你母亲的抽屉，还有没有首饰可以变卖的。”鲁迅不明白女人们的幸灾乐祸，老老实实地回答：“我看过的，什么也没有了。”女人们吃吃地笑起来：“你回去好好看看，还有没有一些散落的珠子什么的。”鲁迅回家翻遍所有的抽屉角箱子拐，什么散落的珠子也没有看到。几天后，就有风言风语传出来，说鲁迅在家翻箱倒柜，偷出许多东西去当铺。这时候鲁迅才明白婶娘暗示后面的恶毒，想生气也气不起来，因为母亲将他和弟弟周作人移居到甫皇庄的舅舅家。好歹也是自己的亲舅舅，总不至于让两个外甥饿肚子，母亲的想法很简单。可是鲁迅没想到，从前巴结他们家的亲舅舅，对兄弟两人的到来从来不曾有好脸色，鲁迅忍气吞声住了半个月，有天听到舅舅和人说闲话，称他们兄弟俩是叫小花子来要饭。他以为鲁迅不在家，因为刚才见到他在打谷场上玩。谁知道鲁迅和周作人怄气，在打谷场上玩得好好的，突然生气跑回了家。被当成要饭的小叫花子，鲁迅无论如何也咽不下这口气，当天就和舅舅翻脸，带着弟弟回到了绍兴城。

父亲死时，鲁迅才十六岁。十六岁的少年面对两个没成年

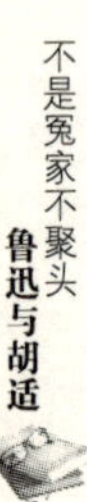

的弟弟和守寡的母亲，无可奈何地挑起家庭的重担。每当族里有什么事，鲁迅就代表自己的一家去祠堂议事。可是这些名分上是长辈的族人，却常常讥讽和欺侮少不更事的鲁迅。有时候当场逼着鲁迅表态，鲁迅逼急了，说要请示尚在狱中的祖父和家里的母亲。那些嘲笑挖苦的话带着腥臭的唾沫星子飞向鲁迅，鲁迅开始愤怒、厌恶和仇恨，故乡与亲人在他的眼里，是那么丑陋和卑鄙，他只想远远地离开它，最好永不回来。后来他提笔写作时，情不自禁会带着满腔憎恨与怒火：

凡事总须研究，才会明白。古来时常吃人，我也还记得，可是不甚清楚。我翻开历史一查，这历史没有年代，歪歪斜斜的每页上都写着“仁义道德”几个字。我横竖睡不着，仔细看了半夜，才从字缝里看出字来，满本都写着两个字是“吃人”！

这是《狂人日记》中最震耳欲聋的话，其实是鲁迅最刻骨铭心的人生感悟。

8. 十八岁出门远行

一八九八年五月，八岁的胡适正在上庄读私塾，十八岁的鲁迅却开始出门远行。他的人生第一站是南京，一个与他的故乡绍兴差别并不大的城市，只是规模上稍微大了那么一些。

这时候久病的父亲已经去世，家里再没有值钱的东西拿去当铺，再不需要有人为他跑药店抓药，鲁迅是家里老大，看到寡母拖着一群孩子日子越发艰难，心里很不是滋味。有心想帮母亲一把，又感到学问不够，能力也不够，外出读书谋职的想法开始萌生。他知道家里已无力供他读书，就想到了南京的一所免费学堂——江南水师学堂。家族里有一位令人尊敬的叔祖周椒生，就在这所学堂教国文。从前周椒生老先生回乡探亲时，鲁迅兄弟们总要拜访这位在外见多识广的叔祖，听他谈谈国家大事和南京的情况。鲁迅知道叔祖是个举人，古文修养极深，而江南水师学堂不收学费，这正适合他这样的穷学生。尽管他无意去当兵打仗，但是在现在的情况下，他也没有更好的办法。母亲也没有办法，唯一能做的就是为他弄到八块大洋当路费，送他到小轮码头时，母亲泪流满面："绍兴有句古话，叫作穷出山穷出山，今后的路就要由你自己去走了。"

六天后鲁迅登上了南京下关码头，长江上，灌满了风的白船帆一页页翻过如同日历，汽笛呜咽，外国军舰傲然屹立。戴白色礼帽的洋人三三两两，中国搬运工"哼哟哼哟"扛着麻袋，沿着长长的跳板直抵船舱，到处是堆积如山的"摩尔登糖"。见到叔祖周椒生时，他口袋里仅剩下两元钱。周椒生上下打量着他："你不能再叫豫才，那是家谱上的名字。十年树木，百年树人，今后，你就叫树人吧。"鲁迅很奇怪："我为什么不能叫家谱上的名字？"周椒生看了看他，说："没有颜面叫啊，我们老周家的子孙，在绍兴也是名门望族，考举人中状元，这才是正途。现如今你来读这个洋学堂，要从军，说出去要丢祖宗的脸。"他是道教信徒，每天早上都要去净室里跪诵几遍《太上感应篇》。为了表达自己的虔诚与仁慈，他特地雇了一个人，整天挑一副写着"敬惜字纸"的竹篓，沿街拣着字纸。这个人还替周椒生上街买螺蛳，一买一箩筐，然后拿到河边去放生。

没想到在洋学堂谋事的周叔祖是这样的人，鲁迅大惑不解，但是这样的人仇恨洋务也是自然而然。鲁迅别无选择，只能留下，

经过考试被录取在轮机堂，分配在管轮班的机关科。接下来发生的事情让他大跌眼镜，这官办的学堂乌烟瘴气极其乏味，课程与旧私塾几无二致。作文多在三味书屋做过，而这里仍实行八股文标准。英文课本是从印度搬来的，内容枯燥。按理说这算得上中国最早的海军学校，学生理应习水，但在这里根本见不到水。唯有一个大游泳池，还因为淹死了两个学生，被填平了，在上面造了个小小的关帝庙，用来镇邪。如此陈旧迷信的学堂，与绍兴城里的私塾没什么两样，甚至有过之无不及。鲁迅很失望，但是此时又不能回家，只好打算强忍下去。

当时鲁迅被编入最末的一级：三班，三班生衣食住行都低人一等。就说吃吧，早餐号一吹，三班生连滚带跑地赶到饭厅，只能把稀饭和腌萝卜咽到肚里。而高班生就不用这样，他们高卧在床，自有人托着长方木盘，把饭送上门。午餐晚餐更紧张，高班生一桌六人，座位是固定的，谁也不能占用。而低班生这里却没有固定座位，一听到吃饭的号声，赶紧冲向饭堂抢座位。但如果高班生走在前面，即便再急，你也不能超越他们，必须跟在他们后面，看他们故意慢吞吞地、大摇大摆地踱着方步，还将两臂撑开，甩动，活像一只只大螃蟹。等到低班生们进入饭堂，那菜上可怜的几块肉片早让人抢光了，只好吃素菜。有时候连素菜也没有，就只好干吞饭。鲁迅一忍再忍，最后实在无法忍耐，起因是有位教汉文的老师说地球有两个，一个叫东半球，一个叫西半球，一个自动，一个被动，学生们面面相觑哭笑不得。另有一位老师点名时把学生“沈钊”念成“沈钓”，引起一阵哄堂大笑,后来大家一见到这位老师,就在背后叫他“沈钓”。此事终于传到校长耳朵里，有这样的下属他非但不感到耻辱，反而迁怒于学生，宣布给鲁迅和另外十几名学生记两次大过，再犯一次小过，就要开除。正好此时江南水师学堂附办路矿学校，鲁迅二话不说马上转去。路矿学校比江南水师学堂开明多了，设有阅报处，他在这里读到梁启超创办的《时务报》和严复翻译的《天演论》，一个全新的世界像画轴般在他面前逐渐铺开，这才是他渴望的新世界，他感到由衷的安慰，然后全身心地投入。

就在这时候，一个机遇从天而降：学校要挑选五名学生去日本留学。经过考试，鲁迅幸运地成为这五名学生中的一员，他抓住了这个千载难逢的机遇。

9. 相逢的全是革命家

与胡适初到美国遭遇到的总统竞选不同，鲁迅一入日本，就遇到了一大批流亡的革命家。从此，反封建与干革命，就成为进入鲁迅世界的两个关键词。

当时反清运动的革命者，大多数亡命日本，包括孙中山、章太炎、邹容、梁启超等革命家，都在日本传播他们的思想，组织反抗力量。这时候的革命派与改良派还没有彻底分裂，鲁迅初到日本时，梁启超创办了《新民丛报》，热血沸腾的文字吸引了血气方刚的青年。在《新民丛报》的创刊号上，梁启超通过《本报告白》宣言三条办报宗旨:“一、本报取大学新民之义，以为欲维新吾国，当先维新吾民。中国所以不振，由于国民公德缺乏，智慧不开，故本报专对此病而药治之，务来中西道德以为德育之方针，广罗政学理论以为智育之本原。二、本报以教育为主脑，以政治为附从。但今日世界所趋重在国家主义教

鲁迅（后排左一）和同学许寿裳等合影

育，故于政治，亦不得不详。惟所论务在养吾人国家思想，故于目前政府一二事之得失，不暇沾沾词费也。三、本报为吾国前途起见，一以国民公利公益为目有，持论务极公平，不贪偏于一党派，不为灌夫骂座之语，以败坏中国者，咎非专在一人也。不为危险激烈之言，以导中国进步当以渐也。”

《新民丛报》以清新明白的语言，生动犀利的文笔，着重介绍西方政治学说，极力宣扬变法维新，力倡民族主义，激烈抨击以慈禧太后为首的清政府的腐败无能和屈辱卖国的卑鄙行径，震动了鲁迅这样年轻学子的心灵。而以孙中山为代表的革命派也在聚集力量，扩大自己的阵地。在异国相对较为自由的空气中，又有亡命日本的革命家们的思想感染，许多留学生的

心灵开始苏醒，他们追随这些革命的先驱者们变革中国的正义活动，思考、苦读、觉醒、行动——在这里，鲁迅感受到一种在祖国黑暗大地上从未感受到的革命气息。革命家鼓动革命，是那样的激动人心，腐败没落的清王朝像那条拖在中国人脑后的小辫子，必须要剪掉，否则，它只能成为中国人的耻辱与笑柄。对于这一点，邹容在《革命军》中有激烈的抨击。读完《革命军》之后，鲁迅决定洗刷这种耻辱，第一个剪掉了辫子，然后带着轻松感和自豪感去找友人许寿裳，让他欣赏一下剪辫后的新风采。许寿裳也是浙江人，比鲁迅晚半年到日本，他也学鲁迅剪掉辫子。后来同学们统统剪掉了辫子，这让鲁迅十分开心，他特地拍了一张“断发照”，并在照片背面题诗明志：

灵台无计逃神矢，
风雨如磐暗故园，
寄意寒星荃不察，
我以我血荐轩辕。

对革命的天然亲近，为鲁迅在多年以后认同毛泽东的行为埋下了一个伏笔。后来发生的事件几乎为全国人民众所周知：那是到仙台的第二年，学校增添了细菌学课程。细菌形状全用幻灯显示。教完一个段落还没到下课时，老师总爱给学生放映一些时事画片。某天，鲁迅看到一个奇异的镜头：一个自己的同胞，夹在日本军人中间，被绑押着赶赴刑场，据说他给俄国人做了侦探，要枪毙示众，而周围的看客也正是一群中国人。看到被斩的惨状，周围的中国人竟麻木不仁无动于衷。鲁迅脑子"嗡"的一声，他无法忍受，没有比自己的尊严和民族的尊严遭受侮辱更使他忧伤。一个人，一个民族，如果连起码的尊严都没有，它还会有什么希望和未来？如果说外敌的入侵让民众尊严丧失还情有可原的话，那自己同胞的麻木不仁让他心灵受到巨大冲击。愤怒、屈辱、悲痛一起如烈火般在鲁迅心中燃烧起来，他吃不下饭，也睡不着觉，常常独自躺在教室外的草坪上，仰望长空。长空中乌云翻滚，像一群狂暴的野马在奔驰。他仿佛从梦中醒来：没有什么病痛比精神麻木更加可怕，一个人无论体格如何强健，假如精神麻木、没有灵魂，就只能做毫无意义的示众的材料和看客。对于麻木的祖国，紧要的不是用医学医治同胞的身体，而是要设法医治同胞的灵魂。只有精神与灵魂振作起来，才能让沉睡的祖国惊醒起来，以新的姿态展开新的生活。而要医治灵魂，唯有文学艺术才是最好的良药。他断然弃医从文，并在新文化运动后的探索中，最终选择与共产党、毛泽东站在了一起。

10. 假设胡适去了日本

假设鲁迅没去南京而像胡适一样去了上海，假设胡适没去美国而是像鲁迅一样去了日本，那他们后来的行为未必不是会翻一个个：胡适贴近毛泽东而鲁迅投身蒋介石。但是历史就是历史，它已经成为历史，它不可能再接受假设。

胡适离开徽州老家后来到了上海，在这里他没有像鲁迅在南京那样饱受欺压，后来他又转身去了美国，也没有像鲁迅在日本那样遇到大批革命者。日本是东方国家，在很多方面与中国一脉相承，鲁迅自然不能在这里获得胡适那样的民主与自由的思想启蒙，包括鲁迅接受教育的城市南京，与上海也是完全有别的城市。那时候在中国，最开放最包容的城市只有上海，这是现代文明在中国的一块“飞地”。这时候胡适与初入南京的鲁迅是一样的，有点糊涂，也有点懵懂。当时虽然还未进入民国年代，但是经过半个多世纪殖民文化的“洗礼”，上海呈现出一种海派的摩登，一种与世界接轨的光怪陆离，一种现代文明的甜蜜与期盼：宽敞的大马路，双层公共电车，来往穿梭的汽车。卖报的报童遍布各个角落，跑马场人声鼎沸，电影院人头攒动，摩天大楼、百货公司摩肩接踵。报馆里的绅士乘坐飞机、欣赏电影，享受与欧美同步的现代文明。洋房里的老爷四世同堂、妻妾成群，保持着千年不变的古老生活。吃花酒的男人长袍马褂，梳爱司头的女郎旗袍摩登——走在马路上举目四望，常常是高跟鞋子与三寸金莲同行，鸦片烟馆与威士忌酒吧同在。中国人仿佛在黑暗中沉睡了数千年，在这个上海的早晨睁开大梦初醒的睡眼。

在上海日日读报，读书，少年胡适一天天长大，他长成了一个全新的人。他不能忍受陈腐没落的制度、人文，甚至不能忍受胡洪骍这个名字，当时他就用着“胡洪骍”这个名字。有

在中国公学读书时的胡适

天早晨起床后他一直想一个新名字，想了一大串总以为不太合适，就对二哥说:“我想重新换一个名字，名字中间有个‘表’字，你帮我想一个。”二哥正在洗脸，他拧干毛巾擦净了脸，说:“物竞天择适者生存，这个‘适者’的‘适’我看很好，希望你将来能适应这个社会，接受社会的选择。”胡适笑起来：“很好，你叫绍之，三哥叫振之，干脆我就叫适之吧。”二哥走到床前，说:“好，胡适之，现在请你马上起床，跟我到四马路去买书，二哥相信你，经过‘物竞天择适者生存’，一定能成为中华之栋梁之材。”

口气可以说得比天大，但是一具体到实际不免令他丧气，从中国公学毕业后，吃吃花酒、办办报纸，最后一事无成，不知道前途在哪里。老家早已四分五裂，老母也急需要他寄钱赡养，可他却不知去哪里讨得饭碗挑起养家糊口的重担。有一天，朋友许怡荪来看他，突然说：“你一向聪明过人，为何不去考一考‘庚款’官费留美生？以你的学业，应该有很大把握。”几句话说得胡适眼睛一亮：是啊，这样胡混下去，出路在哪里？去美国留学对他来说，是最好的选择。胡适一开始有点兴奋，很快面露难色:“怡荪，你不知道，我现在有很多难处。”许怡荪说:“有难处你说出来，我或许可以为你帮点小忙。”胡适说：“母亲在徽州，急需要我供养，这是一。二是我还欠下一笔债务要偿还，这也是拖延不得。第三呢，我现在手头分文皆无，我想到北平

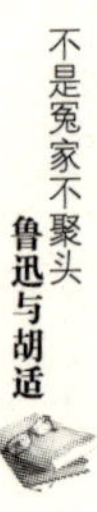

去苦读迎考，手边不能没有一些钱。”许怡荪听了点点头，说：“这个你放心，我可以帮你解决一部分。”后来许怡荪与徽州族人程松堂都帮助了胡适之，程松堂说：“你尽管放心去考，旅费和寄到徽州养母费用我来帮你解决，现在你暂时不要想别的，一心一意考好。”胡适十分感动，来到北平后洗心革面闭门读书，两个月后参加了“庚款”官费留美考试。就在试卷上，他郑重地写下了“胡适”二字。

11. 弃农从文

胡适进入美国，转身就投入到轰轰烈烈的美国大选，对美国政治文明的天然亲近让他一进入美国就如鱼得水。当然，这一切与他在上海这个文明、包容的城市长久求学的经历密切相关，与他在上海出生、在小小的幼年就随父母漂洋过海来到台湾的生活密切相关，甚至与他儿时在上庄古村读到的那本《经国谈美》也极有关系。

继当初和鲁迅一样弃医改文后，胡适在留美的第五个年头再一次作出重大选择：由康奈尔大学研究生院转学到哥伦比亚大学研究生院，师从哲学大师杜威攻读博士。那时的哥伦比亚大学一流学者多如过江之鲫，教授阵容强大，胡适置身其间如鱼得水，他晚年在《四十自述》中说："杜威教授当然更是对我有终身影响的学者之一，对我其后一生的文化生命既然有决定性的影响，我也难于作详细的叙述。我的思想受两个人影响最大：一个是赫胥黎，一个是杜威先生。赫胥黎教我怎样怀疑，怎样不信任一切没有充分证据的东西，杜威先生教我怎样思想，教我处处顾到当前的问题。教我把一切学说理想都看做持证的假设，教我处处顾到思想的结果。"

那时候胡适向往纽约河边大道，因为杜威先生的家就在那条街上。后来胡适经常出现在那个叫西116街南角的地方，这是杜威的家，他每星期必来一次，参加杜威夫人主持的"星期三下午家庭招待会"。每次来聚会胡适都满怀好奇，他喜欢如此近距离地走进一个美国人的家庭，在这里他能看到一些在纽约文化圈里阴阳怪气光怪陆离的角色，那些长发男子和短发女子，他不太能理解他们，但是他学会了用包容的眼光看待他们。

在美国的几年胡适脱胎换骨，他迫切想将这里先进的科学

庚款官费留美生集体合影，站立者二排左一为胡适

文化介绍到中国去，改变腐朽、没落的祖国。在他看来，只有打开国门兼收并蓄，这个民族才会强大，才会有全新的未来。其实他几年前就开始了这项工作，将都德、莫泊桑等海外名家名作介绍到中国来。后来任职于北京大学，便将恩师杜威邀请到中国来讲学。杜威来华前，胡适主持出版了杜威讲稿《哲学之重建》，又在《新青年》等热点杂志上发表了《实验主义》、《论杜威思想》等文章，为杜威来华作理论宣传。杜威在华的两年多时间里，胡适主持了多次演讲并兼做翻译。既让美国文化深入中国人心，又展示了自己的风采，让全国万千学子认识了他这个新文化的风云人物。后来胡适干脆自己也作演讲，在山西大学那一次他演讲的是《娘子关外的新潮流》，竟然吸引了无数山西大学生转学到北京大学，就是为了追慕胡适。赵元任的未

婚妻杨步伟后来对胡适说："去听讲都是为瞻你漂亮的风采而去的，我并不懂得什么哲学。"

鲁迅弃医从文是想从文学的角度改变中国人的精神世界，而胡适的弃农从文却只想从政治制度着手改变中国，这是他的"西乞医国术"的最初愿望。拿破仑曾经说中国是一头睡狮，将来睡狮醒来时，世界会为之震惊。胡适却说："以睡狮喻吾国不如以睡美人比之之切也！"他希望中国以"文物风教"贡献于世界，而不是以武力。如果强大就代表着物质上的财大气粗或军事上的耀武扬威，那不如不强大，这样的强大最终带给人民的，只能是灾难。

12. 东市易宫衣，西市问新制

胡适从骨子里痛恨暴力革命，暴力与革命是同义词，它和赌博、抢劫等词汇也有天然的血缘关系。所以拿破仑将中国比喻成一头睡狮令胡适很不开心，他更喜欢以睡美人来比喻中国，甚至他写过一首诗就叫《睡美人歌》，全诗如下：

东方绝代姿，百年久浓睡。
一朝西风起，穿帏侵玉臂。
碧海扬洪波，红楼醒佳丽。
昔年时世装，长袖高螺髻。
可怜梦回日，一一与世戾。
画眉异深浅，出门受讪刺。
殷勤遣群侍，买珠入城市。
东市易宫衣，西市问新制。
归来奉佳人，百倍旧姝媚。
装成齐起舞，主君寿百岁！

诗写得不怎么高明，但寓意非常明白，他希望学习西方的“新制”，改变祖国的贫穷落后，使中华民族振兴富强起来，自立于世界民族之林。这一点他与鲁迅完全一致，但是采取的手段却有天地之差。虽然希望是那么渺茫，但是胡适一生都没有放弃，因为他相信任何的努力都不会白费，任何人的任何行为，无论善恶都会留存在大地上，生发影响。“每一个小我的一切作为，一切功德罪恶，一切言语行事，无论大小，无论是非，无

青年学者胡适

论善恶——都永远留存在那个大我之中。"胡适由此引申出个人重要的责任："你种谷子，便有人充饥；你种树，便有人砍柴，便有人乘凉；你拆烂污，便有人遭瘟；你放野火，便有人烧死。今日的世界便是我们祖宗积的德、造的孽，未来的世界全看我们自己积什么德，或造什么孽。"多年以后，他在演讲中又说："一个国家的强弱盛衰，都不是偶然的，都不能逃出因果的铁律的。我们今天所受的苦楚和耻辱，都只是过去种种恶因种下的恶果。我们要收将来的善果，必须努力种现在的新因，一粒一粒的种，必有满仓满屋的收。在我们看不见想不到的时候，在我们看不见想不到的地方，你瞧！你下的种子早已生根发芽开花结果了。"

但是自然界从花草树木到人鱼鸟虫都是有种子的，"种子"千差万别也多种多样，不同的"种子"肯定会开出不同的花结

出不同的果。像胡适与鲁迅，一个从美国得到的“种子”肯定也和在日本得到的“种子”不一样，在鲁迅后来的力作《阿Q正传》里，他专门辟出一章《革命》：

> 阿Q的耳朵里，本来早听到过革命党这一句话，今年又亲眼见过杀掉革命党。但他有一种不知从那里来的意见，以为革命党便是造反，造反便是与他为难，所以一向是“深恶而痛绝之”的。殊不知这却使百里闻名的举人老爷有这样怕，于是他未免也有些“神往”了，况且未庄的一群鸟男女的慌张的神情，也使阿Q更快意。“革命也好罢。”阿Q想：“革这伙妈妈的命，太可恶，太可恨——便是我，也要投降革命党了。”

这时候的革命成了鲁迅挂在嘴边上的词，一年后孙中山逝世，他写悼文说：“无产者的革命，乃是为了自己的解放和消灭阶级，并非因为要杀人，即使是正面的敌人，倘不死于战场，就有大众的裁判，决不是一个诗人所能提笔判定生死的。现在虽然很有什么‘杀人放火’的传闻，但这只是一种诬陷。中国的报纸上看不出实话，然而只要一看别国的例子也就可以恍然：德国的无产阶级革命（虽然没有成功），并没有乱杀人；俄国不

是连皇帝的宫殿都没有烧掉么？而我们的作者，却将革命的工农用笔涂成一个吓人的鬼脸，由我看来，真是卤莽之极了。”理解这一段文字十分重要，革命在鲁迅这里，乃是人性的合理的发展，倘若是相反的路，那它的存在便很是可疑了。鲁迅由俄苏文学中的革命因素，想到中国的现实，总是十分怅惘。

与鲁迅相反，革命在胡适眼里，就是暴力与抢劫。一个阶级用暴力推翻了另一个阶级之后，必定会采取暴力统治，这样的结果只能导致专制。后来胡适在《民主与极权的冲突》中，引述了极权主义的二十个特征：

> 狭义的国家主义情绪，提高到宗教狂的程度。严厉取缔一切反对政府的意见，毁灭书籍，曲解历史和科学上的真理。废除纯粹寻求真理的科学与学问，以专断代替辩论，由政党控制新闻。封锁消息，使人民陷于文化孤立，对外界真实情况无从知晓。政府有计划地实施罪恶，鼓励人民陷害及虐待“公众敌人”。讲成分出身，恢复野蛮的家族连坐法。实行人民军事化，时刻准备战争。到处滥用“劳工对资产阶级专政”的口号。禁止工人罢工及抗议，摧毁一切劳工运动。农工商各业受到政府及领袖全面统制。

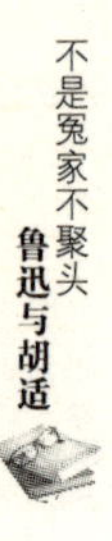

他在《我们必须选择我们的方向》进一步强调，只有民主、容忍异己的政治制度才站得住，我们要走的方向是“有人味的文明社会”。

13.“我也一个都不宽恕”

鲁迅先生在去世前一个月，写了一篇文章《死》:“只还记得在发热时，又曾想到欧洲人临死时，往往有一种礼仪，是请别人宽恕，自己也宽恕了别人。我的怨敌可谓多矣，倘有新式的人问起我来，怎么回答呢？我想了一想，决定的是：让他们怨恨去，我也一个都不宽恕。”

不知道他哪来的仇恨，到死都“一个都不宽恕”，这也许就是战士的性格，到死都不会服输。在写《死》时，鲁迅其实已经病入膏肓，脑子里时时盘旋着这个“死”字。“死”的到来没有让他糊涂，反而令他更加清醒。但是这份清醒无法阻止死神

的脚步，一九三六年十月十九日早晨五时二十五分，一个在中国无法抹掉的文化巨匠鲁迅，走完了他生命的最后一刻。据当时的报纸报道，有数万人参加他的葬礼，甚至包括后来的旗手江青——当时她只是一个进步的文艺青年，举着挽联，走在葬礼队伍的最前列。很多人惋惜鲁迅先生去世太早，但现在回过头来想一想，他还算死得其时。假如鲁迅不是死在一九三六年，而是活到一九七六年，那么不仅会让毛泽东尴尬，鲁迅自己也会很难堪。因为只有死人才能供起来，供奉活人是很困难的，但供奉死人就容易得多。鲁迅死后，毛泽东给予高度评价。

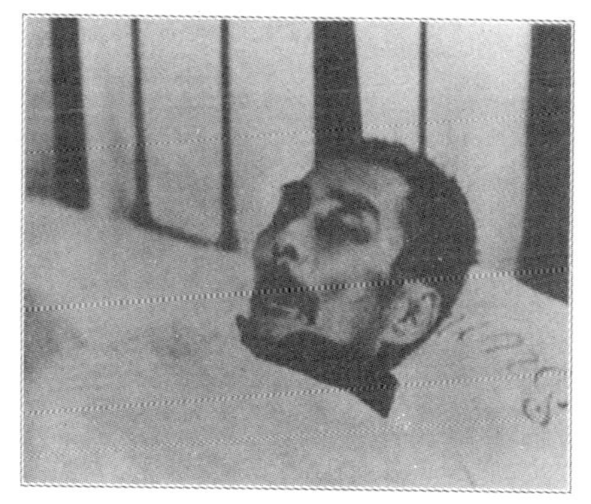

鲁迅遗容

一九四零年，毛泽东在他著名的著作《新民主主义论》中这样说：

> 二十年来，这个文化新军的锋芒所向，从思想到形式（文字等）无不起了极大的革命。其声势之浩大，

> 威力之猛烈，简直是所向无敌的。其动员之广大，超过中国任何历史时代。而鲁迅，就是这个文化新军的最伟大和最英勇的旗手。鲁迅是中国文化革命的主将，他不但是伟大的文学家，而且是伟大的思想家和伟大的革命家。鲁迅的骨头是最硬的，他没有丝毫的奴颜和媚骨，这是殖民地半殖民地人民最可宝贵的性格。鲁迅是在文化战线上，代表全民族的大多数，向着敌人冲锋陷阵的最正确、最勇敢、最坚决、最忠实、最热忱的空前的民族英雄。鲁迅的方向，就是中华民族新文化的方向。

这样的赞美之辞出自毛泽东之手，肯定没有第二次，也不会再给除鲁迅之外的第二位作家。对于胡适，毛泽东其实也一直在争取，即便“道不同、志不合”，但是毛泽东是一代领袖，他有他的心胸与眼界，他一直没有放弃最后的努力，原因其实很简单，因为胡适也是和鲁迅平起平坐的文化巨匠。抗战胜利后，董必武作为中国代表团的中共代表参加了联合国大会，会上与胡适相逢。按着毛泽东的指示，他与胡适进行了一番长谈，希望胡适支持共产党的主张。结果，胡适没有接受，毛泽东虽然不再对胡适抱有幻想，但他还是做了最后一次争取，他说：“只要胡适不走，可以让他做北京图书馆馆长！”胡适听后笑着婉拒，

胡适很清醒新中国建立后的文化形态，用张爱玲的话说，就是“已经在破坏中，还有更大的破坏要到来”。后来发生的文化大革命无疑证明了张爱玲判断的正确。而胡适远比小女子张爱玲更为老辣，他不可能留在大陆，即便他愿意留下来，等待他的结局不可能像沈从文停笔那样简单，要么就像傅雷那样上吊自杀，要么就是像老舍那样的投湖而亡。除此之外，别无他途。

看到胡适的拒绝，毛泽东很生气，大笔一挥，从统战名单中将胡适的名字删除。后来在一九四九年一月二十日写的《热烈祝贺淮海战役胜利结束》一文中，毛泽东写道：“不论战和，战争罪犯是必须拘捕的。我们的八个和平条件的第一个，就是惩办战争罪犯。现在的南京城内尚有头等战争罪犯蒋介石、李宗仁、孙科、何应钦……及其他罪大恶极的帮凶们，例如胡适……你们现在就应侦察他们的动向，以便你们在不论是和平开进或者战斗解决时，能够不失时机，一律拘捕，交给人民法庭判罪。”

一九四九年一月二十七日《胡适日记》为空白，仅附有一则剪报：

本报收音：陕北二十六日广播，对去年十二月二十五日中共某权威人士所提出的战争罪犯的初步名单，有人感觉名单遗漏了许多重要战犯——许多学生和教授们认为名单应包含重要的战争鼓吹者胡适、于斌和叶青。

一月二十九日也附了一则剪报：

十二月二十五日宣布战犯名单如左（报纸为竖排）：

蒋介石 李宗仁 陈 诚 白崇禧 何应钦 顾祝同 陈果夫 陈立夫

孔祥熙 宋子文 张 群 翁文灏 孙 科 吴铁城 王云五 戴传贤

吴鼎昌 熊式辉 张厉生 朱家骅 王世杰 顾维均 宋美龄 吴国桢

刘 峙 程 潜 薛 岳 卫立煌 余汉谋 胡宗南 傅作义 阎锡山

周至柔 王叔铭 杜聿明 汤恩伯 孙立人 马鸿逵 马步芳 陶希圣

曾 琦 张君劢

是进步人士还是人民公敌，全在一念之间。

第三章　西装与小脚

“爱情的代价是痛苦，爱情的方法是忍受痛苦。”

——胡适

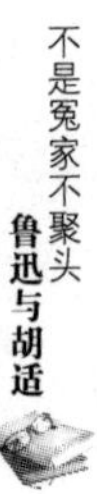

1. 骗婚

胡适与鲁迅都有一个守寡的母亲，不管这两位民国大师在外多么激进和新潮，但是回到家，回到年迈的寡母身边，他们却又变成了言听计从的大孝子，中国式的孝子。也只有孝子才理解守寡母亲的艰辛与不易，所以他们都默默接受了母亲安排的无爱的婚姻。而且在美国和日本留学的胡适与鲁迅，无一例外地都被母亲以“母病速归”为借口诓骗回老家结婚。有趣的是，与他们结婚的，也无一例外地是小脚女人。

一九零六年六月，烈日当空，绍兴的知了在水边的乌桕树上叫疯了，一个叫朱安的小脚女人，却在这个七月流火的日子里和大先生鲁迅结婚了。

在中国民间，结婚的日子一般都会放在冬季——那个时候人们一般较为清闲，并且酒菜放两天也不会馊掉。更重要的是，人们只有清闲下来，才会有闲情逸致去筹办婚姻大事。如果一

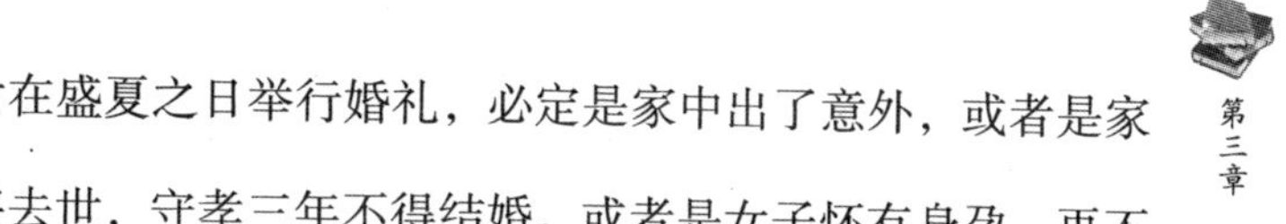

对男女在盛夏之日举行婚礼，必定是家中出了意外，或者是家父行将去世，守孝三年不得结婚。或者是女子怀有身孕，再不结婚行将露丑。鲁迅与朱安在不该结婚的季节结婚，则源自于例外中的例外。当时朱安与鲁迅订婚已达八年，而朱安已经二十八岁，并且比鲁迅还大三岁，即便用现在的眼光来看，也是一个名副其实的老姑娘。对朱安来说，想结婚想得有点发疯，巴不得马上就与那个留学日本的洋学生鲁迅结婚。只要鲁迅同意，哪里还管什么季节不季节？

鲁迅对朱安没有爱情，订婚这么多年，他甚至没有见过朱安。和胡适接受江冬秀一样，他接受小脚女人朱安正是对母亲的妥协，或者说一个中国式的孝子对母亲表达一份中国式的爱。他常对人说："我不知什么叫爱。"家中屡次催鲁迅回国结婚，他和胡适一样以学业为借口不肯回去。后来家中打来电报，说母亲病危，他应该能猜得到家里的"欺骗"。回到家一看，房子翻修一新，家具全新，洞房的一切早已布置停当，只等着他回来做新郎。他屈服了，屈服于天经地义的包办婚姻。那时候悔婚是一件很严重的事，鲁老太太把鲁迅骗回国实在也是无奈之举。这一天也是迟早的事，逃避终究不是办法，孝子鲁迅不忍拂逆母亲的意思，就只能牺牲掉个人的意志，默默接受这命运的安排。当然，这也注定了他和朱安婚姻的悲剧。

这一年的六月，朱安就在忙碌与憧憬中度过，她知道鲁迅讨厌她的小脚，曾经从日本来信让她放脚，她犹豫了许久，最终还是没有听从鲁迅的话。因为从小到大的亲身经历告诉她：一个大脚女人是顶顶难看，不会有人愿意娶一个大脚婆娘。可是，她又怕到时鲁迅嫌弃，在即将上花轿的最后一刻，她还是选择了一双大一号的绣花鞋。这双鞋子确实有点大，她的小脚放进去显得晃晃荡荡，她特地在鞋头子上塞进了一些棉花，这样看起来,她就有一双比较大的脚了。她左右看了看,有点得意,这么漂亮的一双脚，先生一定会喜欢。可是就是这双塞了棉花的绣花鞋子害了她——迎亲花轿从乌篷船上上了岸，进入鲁家花团锦簇的洞房时，朱安小心翼翼地被喜娘搀扶着从花轿上下

从日本留学归来的鲁迅

来。看到新郎鲁迅一身长袍马褂，还扎着一条长长的假辫子，她的心就怦怦地跳动起来，刚刚伸出一只脚想迈过绑着红丝绸的轿杠，没想到鞋子因为太大，突然脱落，在众人一声惊呼声中，她的一双尖尖的粽子似的小脚一览无余地暴露在鲁迅面前。朱安看到鲁迅脸色苍白如纸，她的心也仿佛跌入冰窖一般。

鲁迅从心底里生出一股怨气，首先是朱安生得矮小瘦弱，面色苍黄，连一个姑娘青春期最起码的活泼也没有。而且她没有文化，还缠着小脚，尽管他多次写信让她读书，放开那又臭又长的裹脚布，朱安并没有服从他的安排。新婚之夜，在大红灯笼下，身穿长袍马褂、又绑上一根假辫子的鲁迅感到人生特别滑稽，和婚床上躺着的那个鞋子里塞着棉花的小脚女子没有一丝感情，却要和她相守一生一世。这漫长的一生一世该怎么过？作为一个留学海外的新进学生，他有一种发自内心的羞辱感。但是他没有表现出来，多年以后，周家一位邻居回忆说："结婚的那天晚上，是我和新台门衍太太的儿子明山二人扶新郎上楼的。一座陈旧的楼梯上，一级一级都铺着袋皮。楼上是两间低矮的房子，用木板隔开，新房就设在靠东首的一间，房内放置着一张红漆的木床和新媳妇的嫁妆。当时，鲁迅一句话也没有讲，我们扶他也不推辞。见了新媳妇，他照样一声不响，脸上有些阴郁，很沉闷。"鲁迅先生和衣躺在太师椅上，碰也没碰

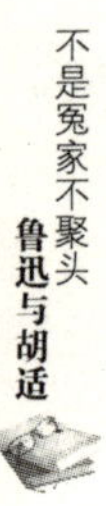

朱安。甚至，他都没有正儿八经地看她一眼。

几天后，鲁迅带着周作人一同又赴日本。走的那天，朱安怀着侥幸的心理守在大门前，心里想着，也许先生要和我打个招呼，这是最起码的面子。但是，她从大清早一直守到中午，鲁迅进进出出仿佛就没有她这个人。当他提着行囊与周作人一起离开周家老宅时，朱安正在门前坐着。鲁迅在家人簇拥下迈过门槛，在朱安面前他略略停顿了片刻，似乎是想有所交代，又似乎没什么好说的，他转身就离开了家门。一个邻居对他说："大先生，刚回家娶了娘子就要走啊？"鲁迅说："不是，不是我娶娘子，是老太太在娶媳妇。"

朱安泪水婆娑，一颗心碎裂在地，如河边水埠头上被鸟雀啄烂的紫红桑桑葚。

2. 古井无波

乡绅家小姐朱安姑娘开始了在周家死水一样的生活，就如同鲁迅家百草园里那口长满苔藓的古井，黑幽幽的，深不可测。

作为一个媳妇，她是合格的——她嫁进周家有婚约，有婚礼仪式，有婆婆赞许和满意的夸奖。同时她做得一手好菜，女红也拿得起放得下，来客招待，侍奉公婆她也做得滴水不漏。可是，作为一个媳妇，她又是不合格的，她与鲁迅结婚多年，一直没有生下孩子，延续周家香火。对此，她也很无奈，她曾经淡漠地对亲友说："大先生从来不曾和我在一起，我如何能生得出孩子？"一个尚且年轻的女人，如果不是过于麻木乃至绝望，大概是不会将这个属于女人的绝对隐秘的私房事说给外人听，也可能在潜意识里她想刺激一下鲁迅先生。但是来自鲁迅那里的反应是没有任何反应，用现在的话说，就是完全将她当成透明人。她的所有对丈夫的了解，完全来自于婆婆。好在婆婆一直对她这个媳妇很满意，这多少给了她一些婚姻之外的补偿。

但是朱安仍然爱着鲁迅，那是一个女人对丈夫、一个文盲对文化的天然亲近。一九零九年，鲁迅先生意外地回来了，在绍兴一所学校教书，离家只有十分钟路程。朱安满心欢喜，她似乎看到了一丝希望。开学那天晚上，她细心地将结婚用的被子铺在婚房里，那床十八斤的新棉被她晒了又晒，散发出好闻的阳光气息。晚上她细心地梳妆打扮了一番，就守在房间里静候鲁迅。从门外传来的每一阵脚步声都让她耳热心跳，可是一直到鸡啼三更，奇迹并没有出现。仆人告诉他："大先生睡到学校里去了。"朱安眼前一片漆黑,后来鲁迅要到北洋政府里任职，要将家属全部带到北平去，这名单里有朱安，那一刻朱安又欣喜若狂。北平，那个多风沙多大雪的北方，朱安生活从此将翻开全新的一页。来到北平后她渐渐失望，乃至绝望，因为在北平，无论住在八道湾还是砖塔胡同，她的生活仍然如旧，就像一口深深的古井，永远死水一潭波澜不惊。每天早上她做好早饭，就站到鲁迅卧室门外，轻轻说一声："大先生，饭好了。"鲁迅低低应一声:"噢。"一日三餐,只要鲁迅在家吃饭，餐餐如此。晚上临睡前，她将两瓶热水放到门前："大先生，水来了。"鲁迅又是一声："噢。"她又问一句："门关不关？"鲁迅头也不抬："关。"她轻轻关上门，走回自己的房间，那房间冷得如同冰窖。

这时候，鲁迅成了新文化运动的一员大将，京城的名人，家中来客川流不息。朱安当然不能出现在客厅，甚至连上茶的机会也没有，这等活儿自有仆人去做。她最适合的地方，永远是厨房——这么多年来，鲁迅习惯了她做的家乡菜。她不能做女人抚慰他的身心，那么就为他做一做菜吧，在年复一年的烹炒煎炸中，她是满足的，她习惯了这种影子一样的生活。可是

没能为周家生下一儿半女，她也十分着急。有一天她鼓足了勇气，请一个先生帮她写了一封信，劝鲁迅先生纳妾，生下一个继承家业的儿子。她一连几个晚上没有睡着觉，最后还是一咬牙，将那封信放到鲁迅书桌上。鲁迅看到那封信，气得暴跳如雷，却仍然没有和她直接说话，只是提笔在信上写了两个字：颇谬。

一九二三年秋天，鲁迅和兄弟周作人决裂，带着朱安迁入砖塔胡同，一场肺病让他死里逃生。这场病却给了朱安意外的惊喜，病中的鲁迅十分虚弱，只能靠流质维持生命。接下来的两个月里，朱安挪动着一双小脚，细心照顾病中的丈夫，给他喂饭喂水，端屎端尿。结婚十七年了，她第一次有机会与丈夫单独相处，甚至接触他的身体，就像天下所有的妻子那样亲近自己男人的身体。鲁迅十分感动，破例让她住进与他卧室一门之隔的书房，以便他只要一声轻唤，她就会及时出现在他的身边。那六十多个夜晚是朱安最值得回忆的日子，在潜意识里，她一定想过，如果大先生的病一直不好，或者越来越厉害，他就会一直需要她，她也就名正言顺地一直守在他的身边。可是一转念她就诅咒自己：她是自己最疼爱的丈夫，自己竟然想象他的病症永远无法治愈，真是罪过。

慢慢地，鲁迅好了起来，他们的关系又回复到从前。朱安对邻居说："我好比一只蜗牛，从墙根一点一点地往上爬，虽然爬得慢，但我相信总有一天会爬到墙顶的，现在我没有办法了，我没有力量爬了。”这时候，一个白衫黑裙的女生出现在鲁迅的身边。凭良心说，那个叫许广平的女生并不漂亮，细心地看，她的嘴巴还有点歪。但是她年轻，又有文化，就显出一种女生特有的文静和雅致。朱安凭着女人的直觉发现这个女生与鲁迅的关系非同一般。果然，两个人越走越近。几年后的某一天，朱安得知，鲁迅与许广平生下一个儿子叫周海婴。她看着大先生一家三口的照片，喃喃地说："他们真好。"

此时的朱安忘了自己是鲁迅的发妻，世人也都忘记了她的存在，他们只知道鲁迅身边，有一个许广平。这时候离鲁迅一九零六年结婚，已过去了二十余年。正值青壮年的鲁迅，不知道是如何熬过了那些漫长的禁欲的日子。

3. 名叫许广平的女生

一九二三年秋天，鲁迅应好友许寿裳之邀，到北京女子高

等师范学校讲课，在这里他认识了比他小十七岁的女生许广平。

许广平身材高大，上课总坐第一排。尽管如此，鲁迅对这位外貌并不出众的姑娘并没有留下什么印象。许广平多年以后回忆道：“突然，一个黑影子投进教室来了，首先惹人注意的便是他那大约有两寸长的头发，粗而且硬，笔挺的竖立著，真当得‘怒发冲冠’的一个‘冲’字。一向以为这句话有点夸大，看到了这，也就恍然大悟了。褪色的暗绿夹袍，褪色的黑马褂，差不多打成一片。手弯上，衣身上许多补钉，则炫著异样的新鲜色彩，好似特制的花纹。皮鞋的四周也满是补钉。人又鹘落，常从讲坛跳上跳下，因此两膝盖的大补钉，也遮盖不住了。一句话说完：一团的黑。那补钉呢，就是黑夜的星星，特别熠眼耀人。小姐们哗笑了，‘怪物，有似出丧时那乞丐的头儿’。也许有人这么想。讲授功课，在迅速的进行。当那笑声还没有停

女生许广平

止的一刹那，人们不知为什么全都肃然了。没有一个人逃课，也没有一个人在听讲之外，拿出什么东西来偷偷做。钟声刚止，还来不及包围著请教，人不见了，那真是‘神龙见首不见尾’。许久许久，同学们醒过来了，那是初春的和风，新从冰冷的世间吹拂著人们，阴森森中感到一丝丝的暖气。不约而同的大家吐了一口气回转过来了。”

这样“神龙见首不见尾”的师生关系延续了一年多，直到两年后许广平写信向鲁迅求教，他们的关系才出现转机。先是“鲁迅师”“广平兄”，双方公事公办客客气气：

广平兄：这回要先讲“兄”字的讲义了。这是我自己制定，沿用下来的例子，就是：旧日或近来所识的朋友，旧同学而至今还在来往的，直接听讲的学生，写信的时候我都称“兄”。其余较为生疏，较需客气的，就称先生、老爷、太太、少爷、小姐、大人——之类。总之我这“兄”字的意思，不过比直呼其名略胜一筹，并不如许叔重先生所说，真含有“老哥”的意义。但这些理由，只有我自己知道，则你一见而大惊力争，盖无足怪也。然而现已说明，则亦毫不为奇焉矣。

信函越写越多，成了两地书，两人的关系也越来越亲密，

周家三兄弟与许广平

最后连小鬼、嫩弟、乖姑、姑哥、小白象、小刺猬都出现在信中：

小白象：——门口送出之后，我回到楼上剥瓜子。太阳从东边射进躺椅上，我坐在那里一面看小彼得一面剥，绝对没有四条胡同，因为我要战胜这一点，我要拿我的魄力出来抵抗，我胜利了，其后在床上睡了一下，起来望望老太太，回来又睡，这回睡熟了，醒来十点多，吃了一碗冰糖稀饭，看看报纸，随后再睡，又困熟了，醒来是十二点，邮政局送来一包书，是未名社挂号来的韦丛芜著的《冰块》五本。午饭后收拾收拾房子，看看文法，同隔壁人们谈谈天，又写了一封信给常，其中关于我们经过的一段，想你也愿意知到〔道〕我是怎样布告出去的，所以抄出附上给你看看。五点钟的时候，我怕多睡夜里困不熟，没有睡，又想留些书作睡前读读的资料，而今天精神还好，那

鲁迅与许广平合影

个地方已经没有什么不舒服了，于是慢慢的往外面走走，把那封友松的信送去，回来买些香蕉枇杷大家一同吃吃，至于托三先生的事和季先生稿已由他办去了。写到这里，正是“夕方”的时候，夜饭还未吃呢，再有什么事体，再写下去罢！

一九二七年秋天，鲁迅与许广平在上海共和旅馆正式开始共同生活，后移入东横滨路景云里第二弄二十三号。消息传出后，各方人士对他们进行了长时间的非议与指责。有人说，原配夫人朱安才是鲁迅先生的合法夫人，许广平不过是一个小妾。也有人说，鲁迅与朱安婚姻破裂，是因为许广平从中作梗。连鲁迅的弟弟周作人也公开表示他们的婚姻不合法，不予承认。在《两地书》的序言中，鲁迅说：

回想六七年来，环绕我们的风波也可谓不少了，在不断的挣扎中，相助的也有，下石的也有，笑骂诬蔑的也有，但我们紧咬了牙关，却也已经挣扎着生活了六七年。其间，含沙射影者却逐渐自己没入更黑暗的处所去了，而好意的朋友也已有两个不在人间。我们以这一本书为自己纪念，并以感谢好意的朋友，并且赠我们的孩子，给将来知道我们所经历的真相，其实大致是如此的。

这时候，他们已经有了一个五岁的男孩周海婴。

4. 月亮、太阳和黑夜

许广平决定和鲁迅在一起，是经过漫长的犹豫、矛盾之后才作出的决定。在鲁迅之前，她曾经有过一段刻骨铭心的初恋。

早在广东老家，许广平就和既是同乡又是表亲的青年李小辉相爱。李小辉原想去法国勤工俭学，因错过了考期，便阴差阳错进了北京大学。和许广平经过一段时间相处后，两人感情突飞猛进。不幸的是，许广平后来传染上猩红热，李小辉经常来探视，也被传染。结果，许广平病好了，而李小辉却不治而亡。这个意外打击让许广平生不如死。这是她的初恋，也是她第一次勇敢地追求自由婚姻，然而却在眨眼间幻灭了，她一时悲伤、绝望，难以自拔。这种疼痛伴随着她整个少女时代，一直到鲁迅的出现。

在她和鲁迅热恋期间，风言风语传遍了京沪文坛，上海一家周刊《狂飙》发表了作家高长虹的诗《给——》，又把她和鲁迅奇怪地拉进一场缠绵悱恻的三角恋。

这首诗是这样：

我在天涯行走，
太阳是我的朋友，
月儿我交给他了，
带她向夜归去。
夜是阴冷黑暗，
他嫉妒那太阳，

太阳丢开他走了，

从此再未相见。

我在天涯行走，

月儿向我点首，

我是白日的儿子，

月儿啊，请你住口。

当时鲁迅身在厦门，接到北平韦素园的来信，报告了有关“月亮诗”的传言：高长虹自比太阳，把许广平比做月亮，诗中“月儿我交给他了”，是说他把许广平交给了鲁迅，并把鲁迅比作黑夜，“夜是阴冷黑暗”。鲁迅这才明白了什么，继而愤怒起来：“果真属于末一说，则太可恶，使我愤怒。我竟一向在闷葫芦中，以为骂我只是因为《莽原》事。我从此倒要细心研究他到底是怎样的梦，或者简直动手撕碎它，给他更其痛哭流涕。”而同一天鲁迅也给许广平写了信：“北京似乎也有流言，和在上海所闻者相似，且云长虹之拼命攻击我，乃为此。用这样的手段，想来征服我，是不行的。我先前的不甚竞争，乃是退让，何尝是无力战斗。现既逼迫不完，我就偏又出来做些事，而且偏在广州，住得更近点，看他们躲在黑暗里的诸公，其奈我何？然而这也许是适逢其会的借口，其实是即使并无他们的闲话，我也还是要到广州的。”

鲁迅与高长虹的交往始于一九二四年，那时候作为文学青年的高长虹离开老家山西来到北平，创办一份杂志《狂飙》，被孙伏园看好，引荐给鲁迅。两人很快成为忘年交，一年时间里竟然见面七十多次，差不多三四天就见一次。《鲁迅日记》中频繁出现高长虹：“夜买酒邀长虹、培良、有麟共饮，大醉。”“夜风。长虹来并赠《狂飙》及《世界语周刊》。”《莽原》创办初期，高长虹是出力最多的一个。他不仅在事务方面贡献颇多，在创作方面也耗尽心血。在《莽原》周刊创办的三十二期中，几乎每一期都刊载他的文章。高长虹就说过：“无论有何私事，无论

鲁迅、许广平和他们的孩子周海婴

大风泞雨，我没有一个礼拜不赶编辑前一日送稿子去。我曾以生命赴《莽原》矣！”这样的说法并没有丝毫夸张。

然而两人关系出现裂痕，起因在于所谓“压稿事件”。离开《莽原》人在上海的高长虹迁怒于鲁迅，先攻击他“你也无大量大材，做不得山寨之主！”发展到谩骂：“我与鲁迅会面不只百次，然他所给我的印象，实以此一短促的时期为最清新，彼此时实在为真正的艺术家的面目。过此以往，则递降而至一不很高明而却奋勇的战士的面目，再递降而为一世故老人的面目，除世故外，几不知其他矣。”“于是‘思想界权威者’的大广告，便在民报上登出来了。我看了真觉得‘瘟臭’，痛惋而且呕吐。”鲁迅决定置之不理，月亮诗一出，才发现他原来暗中恋上了许广平，而许广平也曝出早在她与鲁迅先生抄稿的同时，曾寄邮票给高长虹，买过他的一本诗集《精神与爱的女神》，他也有回信，两人通信约有八九封。偶然一次在鲁迅家与高长虹相遇，他却没有说话。鲁迅方才明白，高长虹频繁去看他，实则频繁去看望许广平。他倒是不太生高长虹的气，说他是黑夜他乐得接受，黑夜正需要月光去照亮，似乎正是这次“人言可畏”让鲁迅与许广平决定永远在一起，再不分离。

5. 我也是鲁迅先生的遗物

一九三六年十月十九日，鲁迅突然在上海逝世，朱安得到消息并没有过于悲伤。也许因为消息来得太突然，因为一个星期前还听说先生的病已好转，现在又突然传来这样的消息，朱安似乎并不太信。一直到第二天，有记者来采访，朱安才确信先生真的去世了，她也没有能力来上海操办先生的后事，只是烧了几样先生爱吃的小菜，燃起香烛供在桌案上，算是对大先生的祭奠。

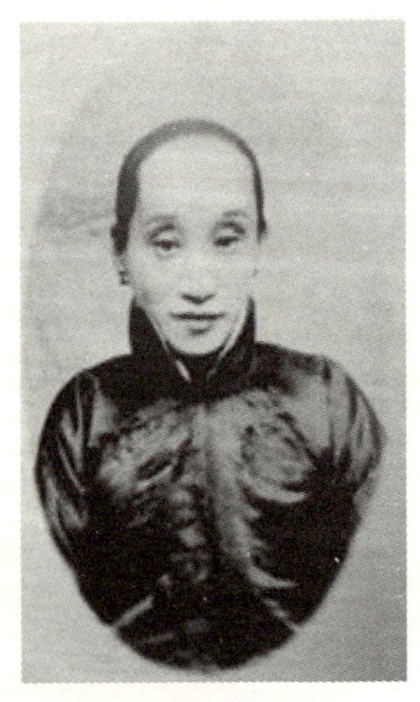
晚年朱安

鲁迅的葬礼结束后，朱安的生活开始越来越不好过。以前婆婆在世时，将周作人每月给她的十五元钱供养费遗留给朱安，在上海的许广平也时有汇款寄来。

现在，许广平被捕入狱，周作人的供养费又时断时续，朱安体弱多病，手头连看病的钱也没有，只好向相熟的人借债度日。人家有借有还才可能再借，而她一借借了好几千块大洋，总借不还，就再无法借到。钱借不到，日子还得要过，这日子就过得有点艰难。

有一年冬天，朱安发着高烧，几天没吃东西。烧退了一些，她想吃点东西，口袋里只有两块铜板，只够买两只烧饼。外面风雪弥漫，她一点办法也没有，只好拄着根棍子去找周作人。当时周作人和妻子羽太信子仍住在八道湾，那本是鲁迅先生的房产。朱安在雪地上摔了好几跤，总算摸到周作人家。周家生着大炭炉子，家里温暖如春。看到上门的嫂子，周作人倒也客气，留她吃了饭，也送给她几个钱，是羽太信子给的，她话里有话地说："北平开销大，我们的日子也不好过，守着大先生那么多书报手迹，怎么可能过苦日子？那可都是钱呐。"她的意思很明白，就是让朱安变卖鲁迅遗产，那可是值大价钱的。一句话提醒了朱安，虽说她并不想这样做。可是，手头分文皆无，这叫天天不灵，叫地地不应，没有办法，也只好对不起大先生了。

朱安出售鲁迅手稿和藏书换取度日之资一事，很快被报界知道了。上海的反应最为激烈，两名鲁迅的粉丝几天后就赶到北平砖塔胡同，厉声质问朱安："这是鲁迅先生的遗产，是我们全民族的遗产，全都要得到妥善保护的，你一个老太太，有什么资格出卖鲁迅先生的遗产？"朱安正在吃午饭，所谓的午饭就是几片萝卜干和半碗冷粥。听得来人这么说，她心里一酸，将饭碗亮给他们看："你们看，我过的是什么日子？你们口口声声说要保护鲁迅的遗产，我也是鲁迅的遗产，你们谁来保护我？"上海来人被噎住了，一时不知说什么好。后来经过商议，由上海方面每月汇一笔数目不大的生活费给朱安，让她能勉强度日。后来他们又为她争取了八道湾的产权，让她有房租收入。一九四六年，出狱后的许广平来北京整理鲁迅先生遗物，在八道湾和朱安生活了两个月，这是两个鲁迅的女人最亲近的一段日子。许广平每日奋笔疾书抄录整理先生的著述，朱安挪着小脚进进出出为许广平准备饭菜。许广平十分感动，叫她姐姐，每晚接过她递上来的泡脚热水后，都想请她坐下来好好聊一聊，聊一聊先生，聊一聊离开多年的水乡绍兴。可是，朱安都小心回避了，她不会说话，也不想打扰许广平。她坐在一角静静地抽着水烟，她仍然沉默着，像一口古井。

一九四七年六月，朱安在北京去世，临死前她向许广平提出要求，想葬在鲁迅先生墓旁。不过这个要求未能如愿，她的葬礼是按许广平的安排进行的，她最终下葬在婆婆鲁瑞墓旁，

坟墓上没有任何标记，只插着一支黄竹镶铜的水烟袋——她一辈子的喜好，就是在劳累之后，静静地抽上几口水烟。

6. 挣不断的红丝线

徽州江村一些风烛残年的老人还记得这么一个故事，有一年深秋，天已经很冷了，秋空中大雁如流云般从头顶飞过，雁粪如雨。茅草吐着白絮在秋风中起伏，翻飞的落叶是冬天的请柬。江冬秀一个人在后山上打核桃，一个打毛柴的年轻人经过她的身旁，突然调侃她："你别打了，糜先生不会回来吃的，他在美国娶洋女人，都生下浑身是毛的小洋人了。"这样的谣言通过口口相传，江冬秀在与胡适订婚的十多年里不断听到。可是，从来不曾有人当面这样对她说过。打毛柴的小年轻太鲁莽，知道她心口流血还要拿刀来扎，江冬秀泪水滴落，转身举起竹竿追打这个多嘴的家伙。年轻人吓得撂下柴担拔腿狂逃，边逃边叫："你打我干什么，这又怪不得我，你有本事你到美国找糜先生去，

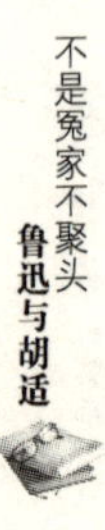

有本事你和美国洋女人干一架，将你男人抢回来。”江冬秀追不上，扔下竹竿，蹲伏在核桃树下哭得气涌如山。

那一年她二十六岁，在古老的徽州，这样的姑娘是一个很老很老的老姑娘，是一个老得再也嫁不出去的老姑娘。那一年是她和胡适订婚第十二年，如此漫长的婚约，也是徽州从未有过的，她没有绝望，也不会绝望，这就是徽州女人的坚贞与忍耐。她丢下打核桃的竹竿，转而将目光投向那座日日经过的小庙，她的心地那么虔诚，她相信菩萨一定会保佑她。

佛终于被打动，将胡适再一次送到她的身边，她不懂他的哲学，更不懂他的文化，她只是喜欢他，他的眉毛、嘴唇、头发，他脸上的微笑与手心里的温暖，她原本要的就不是那些身外之物，她只是要一个活生生的人，佛统统满足了她——因为这一份美满姻缘，徽州大山里这个籍籍无名的小脚女人，在中国文化史上，也留下一行脚印，一行逶迤的、深深浅浅的脚印……

这一根红丝线最早从太子会上牵起：徽州男女的青梅竹马或情窦初开，总是与太子会有关。那一年一度的太子会，是农耕的盛典，也是乡村的派对与狂欢。做“会”的村庄，家家户户要将亲朋好友接来看“会”。胡适的姑婆就是江冬秀的舅母，在青山下那个枫杨树环绕的叫旺川的村庄，她们都带着小孩来看会。江母吕贤英一眼就相中了眉清目秀的胡适，她要这个乡

村里罕见的斯文少年做她的毛脚女婿——在这里，丈母娘代替女儿“一见钟情”。

胡适的母亲冯顺弟微微笑一下，不肯表态。一来，她的家境日益衰落，配不上江家这个翰林之家探花后裔；二来，江冬秀比胡适还大上一岁，徽州的民俗是，“男可大十岁，女不可大一岁”，江冬秀属虎，胡适属兔，母老虎对付小兔崽子，那是手到擒来的事，冯顺弟可不想让自家小兔子被一只母老虎欺负。吕贤英不死心，请江冬秀的私塾先生胡祥鉴说媒。胡祥鉴做先生，嘴巴皮子上有功夫，把江冬秀说得花好稻好。冯顺弟碍不过亲戚情面，开出了胡适的生辰八字。算命先生算出的结果是“天赐良缘”，一方红纸在胡家门框上贴了许久，冯顺弟进门出门看三次，脸红得像篱下的山桃花。既然缘分天注定，那岂有违抗之理？徽州人家都是耕读传代诗礼人家，一诺就值千金。在那个油菜花如洪水一样泛滥成灾的春天，签下婚约后的胡适就去了上海，他像一叶孤舟，漂过新安江、钱塘江的清清流水，一直漂到上海，最后又漂流海上。

在徽州大山里，江冬秀成了传说中的徽娘，在深宅大院之中，在明月星光之下，她坐在那些祖传的磨白了的美人靠上，像徽州古老山村千千万万的徽娘一样，在守望中任云聚云散花谢花飞。十多年的岁月转眼而逝，每年秋天，她会将一颗核桃

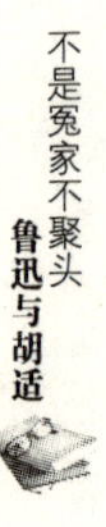

当啷一声丢到瓷坛里，徽州女人都是这样计算着男人离别的日期，计算着男人回归的日期。胡适会寄来家书，让她学文化，她真的开始写字，字不好，错别字连篇，但马马虎虎能给胡博士写信。他让她别再缠足，她也听他的话，解开又臭又长的裹脚布。半大的脚，走在江村到上庄之间长长的山路上，把一个徽州女人的痴情和忍耐，镌刻在山中那些青色的有树根状纹理的大石头上。

7. 廿七岁老新郎

一九一七年那个蝉声悠扬的夏天，博士胡适留学回国，江家请他吃酒，他风尘仆仆地沿着山路来到江村。酒过三巡之后，满脸通红的胡博士结结巴巴地提出一个要求：想见一见江冬秀。江家那个牵红线的姑婆进入厢房说了半天，才出来笑眯眯地递给胡适一个眼色。可是等胡适在楼上楼下无数双村民兴奋的看稀罕的目光中进入厢房时，江冬秀却像一只受到惊吓的小鹿，一头钻进像一座小房子一样的徽州雕花古床上，还放下麻布帐子。留学归来的博士望着眼前厚厚的麻布蚊帐一筹莫展，在乡风民俗面前，他止住了脚步，就像他小时站在后山上一丛丛兰花前，守着一个前世今生的约定一样。

对于和江冬秀这个一直延期的婚姻，胡适内心充满难言的惆怅，他完全是为了母亲才应下这份婚约。一九一七年十一月二十一日，是他新婚的第四十九天，他在写给美国情人韦莲司的信中这样说："我不能说，我是怀着愉快的心情，企盼着我们的婚礼。我只是怀着强烈的好奇，走向一个重大的实验——生活的实验！"周质平教授甚至认为，胡适对自己的婚姻，经过了一番自我说服的功夫，而达到了"近乎自我欺骗的境界"，他甚至以"上断头台"来形容胡适结婚时的心情。有趣的是，胡适在康奈尔大学以《中国的婚制》为题作演讲时，曾强烈抨击封建礼教，而他自己，却心甘情愿在成为一个封建婚制的牺牲品。当然，他的那些堂皇的话只是他做的学问，是他枯燥无味的学术。走下讲台回到家，他就变成一个俯首帖耳的好好先生，伏桌吃饭，上床睡觉，他是一个英俊的、有才的、目光明亮、重友轻财的好老公。缠在他身上那根看不见的红丝线，他一辈子没有挣断，反而被越缠越紧，就像一条被死死网住的鱼。

这是一场迟来的婚礼，它拖得实在太久了，让一心拒婚的

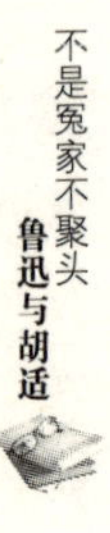

胡适也看不下去，他想到苦命的独身的母亲，或者说他被徽州女人江冬秀的坚贞与忍耐所打动，在内心漫长而持久的坚拒与排斥后，不得不给她一个名分，一个承诺与交代，一份生命的慰藉。与其说是给江冬秀，还不如说给自己的白发亲娘——订婚十四年后才成婚，这在一向早婚成风的徽州，可能是从古未有。从上庄人口口相传的民间传说来看，胡适在十六岁那年，就差点与江冬秀结婚。

那是一九零七年的春天，在上海读书的胡适脚气病复发了，在徽州人看来，这是一种思乡病，外出经商求学的徽州人差不多都有这种病，厉害的每年都要犯一次，胡适的父亲胡铁花当年就经常犯这种脚气病，只要一回到徽州，脚气病马上就不治而愈，更离奇的是，坐船返乡快要接近徽州地界，脚慢慢就消肿了，谁也无法解释这种现象，只能说在徽州，脚气病就是思乡病，身体逼迫它的主人一定要返乡一次——胡适有了脚气病，唯一的办法就是坐船回到徽州。这一次回徽州养病，他在上庄待了两个月。就在这两个月里，母亲冯顺弟趁机向儿子提议结婚——那是一个蝉声渐稀的黄昏，晚饭花在廊檐下开得一片嫣红，清凉如水的月光像梦一样笼罩着上庄，徽州就是一个古老的梦境，中国人的梦。

少年胡适穿一件麻布短裤在门前竹凉床上乘凉，先前手里还拿着一本线装书在看，后来天色渐黑，他将书当枕头，睡在

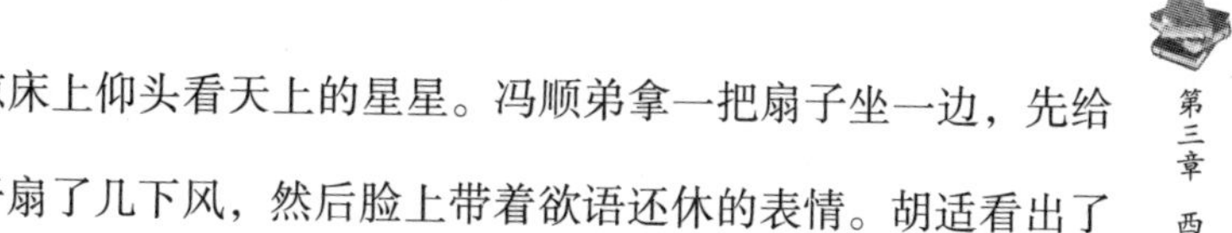

竹凉床上仰头看天上的星星。冯顺弟拿一把扇子坐一边，先给儿子扇了几下风，然后脸上带着欲语还休的表情。胡适看出了母亲的心事，说："娘，有话就说。"冯顺弟越发有点难堪，胡适说："娘，说嘛。"冯顺弟才吞吞吐吐地开了口，她唤胡适的乳名："穈儿，你也有十六岁了，不小了，江家也有这样的意思，冬秀还比你大一岁，是不是趁着这次你回家养病，你两人把婚事办了，为娘也省去一桩心事。"

胡适的眼睛一直盯着母亲，以为她说出什么紧要的事，一听她又提婚事，立马倒头重新躺在竹凉床上，数着天上的星星。冯顺弟推了胡适一下："穈儿，娘的话你听到了吗？"胡适咕哝了一句："再过两年。"就翻身睡过去。冯顺弟说："前年去信问你婚事，你回信说过一两年再说，现在正好你回家，又说过两年，这两年又两年，何日是个尽头啊？前年你的回信江家都知道了，还为冬秀置办了嫁妆，黄道吉日也选了，还买了百子鞭炮，你看，你的新房也准备了，你又说要再等两年，江家怕是不肯。"

胡适火了，翻身过来："谁要你准备这个？这么大的事你都不跟我说？我还小，才十六岁。"冯顺弟说："这不是跟你在说嘛？"胡适满脸通红："全准备好了才跟我说？这不是逼迫我嘛？要结你去找人来结，这与我无关。"胡适翻身下床，夹着书回到堂屋。冯顺弟一急，就拍着扇子追过来："穈儿，你跟娘如

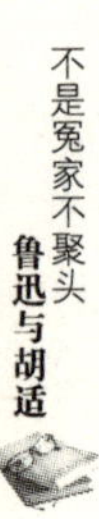

何能这样说话？你十六岁不小了，娘就是十六七成亲的，冬秀都十七了……”木门“啪”地在冯顺弟面前关上了，任凭她如何敲就是不肯开。

次日一早，胡适就早早离开家，逃也似的离开黑得如同一团徽墨的上庄，回到繁华文明的上海滩。冯顺弟的信很快就追到上海，在信中她千呼万唤让儿子回来结婚，说大喜之日早已让算命的瞎子择定，不可更改。胡适看到信怒火中烧，这个一向极有孝心的孩子一时气疯了，回信破口大骂，骂那个给他择定婚期的算命瞎子为“瞎子畜生”,是“鸡狗不如之愚人”,是“蠢虫子”。看到儿子气成这样，冯顺弟尽管抱孙心切，却也吓得大气不敢出，再不敢提起婚事。面对亲家母的盘问，她只好以儿子的学业来搪塞。

搪塞一词用在这里并不准确，其时胡适的学业确实也到了紧要关头，因为学潮，他就读的上海公学即将停办，而且家庭经济面临破产，家中确实也无力为他举办婚礼，现在他要做的不是结婚而是工作——万般无奈之际，冯顺弟只能默认了婚期拖延，作为一个一向要强的徽娘，她内心的难受可以想见。

然而最难过的还是江冬秀，随着胡适在上海教书、办报继而留学海外，她的心揪得越来越紧，一个在遥远的海外，一个在徽州的深山，这一根婚姻的红线还能牵得上、拴得牢吗？她

心里没有底。可是，在徽州人看来，媒妁之言就是金口玉言，婚姻之约就是一生承诺，绝对不可更改——更何况，她是打心眼里喜爱这个面容清秀、满腹诗书的英俊少年，作为一个从没有出过徽山的村女，她只能把相思化成一次次奔赴胡家的行动，上庄的石板道、胡家的老天井，都记载着江冬秀的诚挚与孝顺。

上庄人至今仍记着这么一件事，盛传胡适在美国娶了洋女人那些年里，老姑娘江冬秀不时到上庄来，表面上是来陪伴未来的婆婆，其实内心里是想得到胡适的消息。江冬秀的家虽说已走下坡路，但是仍有大片良田，家中仆佣也有好几个。可是上庄的胡适家已败落，凡事都得亲自去做，大家都在起早摸黑地干活，江冬秀自然也不好袖手旁观，每天五点就起来，喂鸡喂猪打扫庭院。有一天天还没亮，她正在院子里扫地，江村一个姓曹的表哥过来有事，看到江冬秀正在扫地，大吃一惊："哎哟，冬秀啊，你在娘家做小姐，怎么到了婆家反倒变成了下人？"江冬秀心里正委屈，一听这话，马上哭起来："这里全家老小都在做事，我怎么好意思不做？你要是回到江村一说，可把我面子丢光了，我一直和我娘说，胡家把我当小姐供着呢。"曹表哥连忙说："冬秀，你放心，我什么也不会说，我是男人，又不喜欢嚼舌头。"江冬秀心里稍稍有了点安慰，扫完庭院，又围上围裙去做早饭。

新婚的江冬秀与胡适先生

可是，纸总归包不住火，江冬秀的母亲知道女儿在江家受的委屈，就狠下心掏出私房钱给冬秀买了个丫鬟叫梅香，江冬秀只要一来上庄，梅香必定陪着同来，代替冬秀在胡家干活。远在美国的胡适后来也知道这些，外国美女再多情，花花世界再诱人，终究敌不过冯顺弟的慈爱与江冬秀的真情，十年后的 1917 年，学成归来的胡适做了北京大学的教授，接到聘书后他终于回到了徽州青青大山，他要迎娶山那边那个叫江冬秀的姑娘。

这一年的冬天分外寒冷，十二月三十日，胡家张灯结彩，新郎官胡适一身黑呢制西装礼服，头戴黑呢制礼帽，脚穿黑皮鞋，挥笔写下了一副对联：

三十夜大月亮，廿七岁老新郎。

8. 那个属虎的女人

徽州女人在世人记忆里是坚贞与忍耐的化身，她们内敛、沉默、忠诚、善良，孝顺公婆伺奉男人，一身蓝衣盛装站在庭院深深的古老厅堂里，就像那些耸立在青山间的一座座皇恩浩荡的贞节牌坊——但是，凡事都有例外，江冬秀就是个例外，她是一个另类的徽娘，她没有多少文化，就在一个山村里长大，但她身上有一股狠劲，有一种杀气，就是这股狠劲与杀气支撑着她，让这个胸无点墨的女子在京都文人堆里站稳了脚跟，并拥有一席之地，这是非常不容易的。当然，人们多半看在胡适的面子上，但也与江冬秀的努力与争取分不开。

男人与女人组成家庭，各自投入了钱财、权利与爱情，双方心知肚明地权衡之后，自然而然就决定出家长角色。她没文化，又不挣钱，家庭内部角逐中自然处于劣势。但她自有她的撒手锏，她会从胡适母亲那里获得强有力的支持。女人之间更容易沟通，那个孤苦无依的婆婆对这个孝顺、贴心的媳妇满心欢喜，这是出于亲情伦理的爱，就像江冬秀爱胡适一样，她可能不了解他，甚至于不理解他，但这并不妨碍她爱他，这是人伦至亲，是天注定的亲缘——有了这一个支撑，她在胡家的地位无人能撼。你胡适是大学者是不错，满京城出尽风头风光无限，可到底还是要回到我桌上来吃饭，回到我床上来睡觉，在我屋里，你没什么别的名头，你就是一个挣钱养家的男人，不同之处在于别人可能凭力气挣钱，你是凭笔杆子。更何况江冬秀也是颇有心机的女人，她争取了胡母，又抓住胡适死要面子想做圣人的弱点，三下五除二就把他制得服服帖帖，也把自己的地位巩固得牢不可破、坚不可摧——文人，特别是那些纯粹的文化人，在人世中多半缺乏一种周旋力，甚至他的生存能力远不如那些小市民。很多时候，胡适在很多方面远远不如小脚女人江冬秀。在江村，现在仍然流传着许多有关江冬秀的传说，在民间传说中她是个敢恨敢爱的铁女。江村人不会说她是母老虎，只是用算命先生的话说，她“命带宜男”。

婚后，江冬秀在上庄生活了一年，照顾生病的婆母。一年后五四运动风起云涌之际，她来到北平。那时候胡适已成了京城文化泰斗，一呼百应万众仰望。在他的粉丝中，就有表妹曹诚英，这个胡适结婚时江冬秀的伴娘，就在那个山乡婚礼上爱

上从海外归来的表哥——一个郎才，一个女貌，最般配也是最知心的两个人，近在咫尺却远隔天涯，仅靠一封封寄至北京大学的书信联系。一封信不知怎么就落到江冬秀手中，她在上面这样写道："我们在这个假期中通信，很要留心，你看是吗？不过我知道你是最谨慎而很会写信的，大概不会有什么要紧……你的信可直接寄到旺川，我们写信都不要具名，这更好了，我想人要拆，就不知是你写的……"江冬秀真的就拆了这封信，看到信的末尾一句："糜哥，在这里让我喊你一声亲爱的，以后我将规矩地说话了！"江冬秀气疯了，老虎屁股摸不得，这母老虎真给惹毛了，将胡适从床上拎小鸡似的拎起来，打开大门，面对四合院里左邻右舍大喊大叫："你让大家评评理，你这个大学者大文豪像什么话，好歹也是最有名的大学教授，人前人五人六的，背地里一肚子花花肠子，整天想着要做妻妾成群的老地主，吃着碗里霸着锅里，你让大家评评理，这肉麻的信是人写的么？"胡适冷得直哆嗦，脸青一阵白一阵。

江冬秀从来都是得理不让人，闹久了，心疲了，被情所困的胡适不甘服输，也拿出他的撒手锏——不归家，这是男人最狠的一招。他并不就此罢休，仿佛要给点颜色让江冬秀尝尝，他托人传话向江冬秀提出离婚，也是咽不下这口气，在外高举科学、民主大旗的旗手，回到家竟然要吃小脚女人的受气饭，此事已成为民国世界一大笑柄，让先生斯文扫地。江冬秀闻听并不怕，她吃准了胡适逃不脱她的手掌心，她的拿手好戏就是闹——等到有一天胡适回家取材料，两人一言不合，她先将一把裁纸刀扔过去，差点戳伤胡适的脸。继而抱着儿子将剪刀高高举过头顶："你再提离婚我娘儿俩死给你看！"手无缚鸡之力的胡适胆小如鼠，哪见过这阵势，小白脸一时吓变了色，就差跪地叫姑奶奶了。

胡适怕老婆的"丑闻"就这样传出去，江冬秀占得上风，从此以强势女人形象出现在教授夫人之中，在家受气的太太夫人都来请她拿主意。梁实秋为了娶新派小姐，要与原配程季淑离婚。程季淑哭得眼泪巴拉，江冬秀拍案而起。程季淑是她的徽州小姐妹，她当然要管，她可能也兔死狐悲想到自己——如

胡适夫妇和孩子在一起

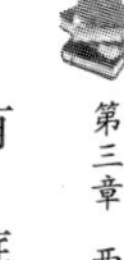

果梁实秋带了个坏头，大学教授们群起仿效，小脚太太们哪有日子过？她站起来给程季淑撑腰，鼓励她打官司，还自愿出庭作证，最终让梁实秋败诉，此案一时轰动京华。当时北大校长蒋梦麟，离婚后迎娶陶曾谷，邀请胡适做证婚人，江冬秀死活不让胡适去，指着他的鼻尖说："你要去证这个婚，就别想回来。"胡适苦苦恳求："我亲口答应了，我不作证，他们结不成。"江冬秀板起脸："这个婚就是不该结。"她"啪嗒"锁上大门到别人家里打麻将，眼看着大婚时间已到，胡博士急得跳脚，只得让家佣举大腿托屁股让他跳窗而出。江冬秀发现后，不但罚家佣一天不准吃饭，也罚胡适两天不许回家。胡适就在办公室打地铺，惶惶然一如丧家犬。

据说江冬秀到老也没改掉母老虎的坏脾气，胡适去世后，有一年台湾刮台风，山洪冲了胡适墓地，她要时任中央研究院院长的王世杰修缮，王世杰拖延着，江冬秀勃然大怒，一个电话打过去："王世杰，你小子等着，总有一天，我要把你给胡先生写的那些牢骚信公布出来。"如果真的公布，他一定死翘翘，王世杰吓得屁滚尿流，当天就带人来维护。如此厉害的徽娘自然让所有的男人害怕，当然也包括胡适。

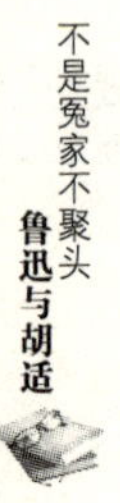

9. 一地凋零的心

一九二三年春天，杭州新新旅馆里，桃花落红满地，梨花漫天飞雪，女学生曹诚英站在桃花树下，满脸绯红凝望那个灯火温暖的窗口，玻璃窗内端坐着她的穿青布长衫的表哥胡适之。几年的离别，使她羞于上前敲门，心事像藤蔓缠绕，如春草疯长，这满地落红，一如她曾经凋零的心。

烛光映照的剪影让曹诚英永生难忘——那一个暗蓝的徽州之夜，她和四个长相喜气惹人怜爱的小姑娘一起，被母亲带到胡适家，做胡适新婚的伴娘。胡曹两家一向是经常走动的亲戚，胡适的三嫂是曹诚英的胞姐，曹诚英便叫胡适表哥。这个小表哥很小的时候她应该见过，某年某月某一天，他们似乎在后山上采过兰花草，漫山坡上全都是兰花草，叶子是绿的，花朵也是绿的，眼睛很难发现，只能凭着鼻子闻，闻到一缕香气，走过去细细寻觅，必定能发现石头后、大树下的丛丛幽兰。那一

次表哥采了满满一怀，全编成花环套在她的脖子上。这都是童年的印象，像花香随风而逝，似乎她后来再没见过他。

这一夜胡适就坐在烛光剪影里，曹诚英停在门前，手抚门框，那个俊美面孔的轮廓让她心跳加速，她几乎迈不动脚步。多少次耳熟能详的那个表哥，就是眼前这个飘逸、俊秀的清癯书生，她的脸红了，举步不前。母亲回头招呼她："快进来，这是表哥，叫表哥——"胡适转过头来，她恨不得一头钻进地缝，那样一双明亮温情的眼眸，像点点火星，点燃了少女心头一团炽热的烈焰。

白衣胜雪的少女曹诚英

婚礼上曹诚英就像木偶，或者说恍惚中她以为是自己的婚礼，一夜之间，她觉得心在迅速衰老，像落花后的兰草，不忍再看。回到了家，又回到牢笼与黑暗中，不吃不喝，躺在床上装病。母亲走到床边，随便问了一句："你哪儿不好？"曹诚英毫无来由地心酸不止，泪水滴落像秋日的淫雨。

这是一个漫长的冬天，曹诚英大病一场，然后虚弱地来到旺川村后山上，从这里眺望过去，上庄尽收眼底。可是此时胡适已丢下江冬秀去了北平，那是遥远的地方，一如远在天上。曹诚英假装去看江冬秀，到上庄去了一趟。冬日惨白的阳光下，江家婚礼的喜庆早已消失殆尽，包括地上鞭炮的残屑。胡适亲笔写的对联还保留着新婚的鲜艳，不知让哪个小孩撕掉一角。她靠在门前，江冬秀给她捧来一把花生。曹诚英说："表嫂，你为何不与我表哥去北京？"江冬秀说:"去,早晚要去的,我怕冷，冬天的北平有多冷啊，要冷到骨子里，我想开了春再去。"曹诚英看着江冬秀，羡慕得要死，在她眼里，江冬秀就是一个最幸福的女人，因为她和一个完美无缺的男子生活在一起。

曹诚英怅然若失地回到地窖一样寒冷的家，从冬到春的这段日子里，她一直就在村后山坡上度过。冬天，山坡上一片皑皑白雪，就像她单纯的心地。春天，山桃花像火一样漫山遍野地在燃烧，一地缤纷，那是她憔悴凋零的心。很快，春雨在不

知不觉中悄然而至，雨水似乎一直落到枕上来了，望着徽州漫天飞洒的雨水，曹诚英沉溺于雨水带来的哀伤之中——她一向多愁善感，这多半与身世有关。

她是一个富商的女儿，从小在武昌城曹家祖传的徽州商行中长大，父亲七十岁才有了她，倍加疼爱。可惜两岁后父亲去世，曹诚英回到徽州，受尽虐待。只有当三里外余村的汪静之过来看望她时，她才会露出开心的微笑。汪静之与曹诚英的侄女指腹为婚，按辈分来说，他叫她为姑姑。曹诚英自己也是指腹为婚，她的对象是邻村宅坦的徽商后裔胡冠英，可是这段即将开始的婚姻让曹诚英心如死灰，因为她对胡冠英根本没有一点感情。

不久，曹诚英与胡冠英结婚，这包办的婚姻让曹诚英生不如死。可能是心郁成病，两个月后她得了肺结核。二哥曹诚克当时在美国留学，得到曹诚英的信，一边寄药品为她治病，一边让同学代为联系，将曹诚英安排到杭州女子师范学校读书。胡冠英也随即来到杭州，就读于第一师范学校。夫妻俩同在杭州，却并没有在感情上有好转迹象，胡母很不习惯曹诚英女学生的打扮，再加上她一直没有为胡家生下孩子，一气之下给胡冠英娶了房小妾。曹诚英无法忍受这种封建旧式的婚姻，更不能面对妻妾俱全的胡冠英，她干净利落地与他离了婚。当时曹诚英情绪坏透了，她的一首诗词是她当时的心境写照：“镇日闭柴扉，不许闲人到，跳足蓬头任自由。”同在杭州读书的汪静之经常来看她，发了疯似的给她写情诗，论辈分她是他的姑姑，曹诚英大怒，撕毁他的诗稿，并给他介绍女朋友，一共介绍了八个，汪静之都看不上，在情思的折磨中，他只是以情诗来替代情爱，后来出版了一部诗集《蕙的风》，风靡一时，也使他阴差阳错地成为现当代文学史上著名的“湖畔诗人”。

这一年秋天，汪静之来看曹诚英，告诉她一个消息：胡适来到杭州，就住在新新旅馆，捎口信让她去看他——曹诚英一时心花怒放，冥冥中好像是神灵这样在安排，她绕了一个大圈子来到西湖边，好像就是为了赴表哥胡适一个爱情之约。

10. 山风吹乱了窗纸上的松痕

那时候胡适在北京大学做教授，当时北大有一条规定，凡为北大服务五年，可以带薪休假一年。由于长年伏案写作，胡适身体极度疲乏，有多处病症。他在上海看完病后，就到西湖

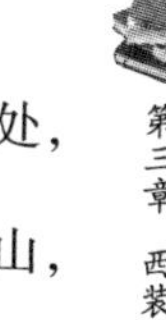

烟霞洞来休养——翁家山的烟霞洞是西湖风景清幽的好去处，胡适就看中了此地的清幽，选择了一处僧房住下，每日爬爬山，采采花，喝喝茶——天下最好的龙井茶，其实也就在翁家山。那一段时光正值桂花盛开，寺庙内摆摊头的老人每隔几天就采来一大抱桂花送给胡适，胡适还去前面看过那棵巨大无比的“桂花王”，千枝万枝桂花全部开放，将翁家山开成一片香雪海。每一天胡适都过得十分开心，当然，让他心情如此之美好，并非仅仅是西湖的美景或桂花的香气，更主要的源自于他身边那个让他痴情的恋人曹诚英。

胡适与表妹曹诚英暗送秋波也非一日两日，只是碍于江冬秀的面子，有情人只能通过书信互表心曲，难有机缘在一起。这一次胡适选择来西湖度假，不可告人的真实目的，就是想和曹诚英在一起。此时曹诚英正在杭州读书，暑假没有回徽州，正在无所事事，胡适的到来无疑是天赐良机，卷一个铺盖卷，就来到清修寺，名义上是照顾胡适的饮食起居，实际上英表妹与糜哥哥一对有情人相思多年，终于可以在西湖畔厮守。胡适在日记中用大量篇幅记述了他与英表妹浪漫缱绻的美好时光：

今天晴了，天气非常之好。下午我同珮声（曹诚英学名）出门看桂花，过翁家山，山中桂树盛开，香气袭人。我们过葛洪井，翻山下来，到龙井寺。我们在一个亭子上坐着喝茶，借了一副棋盘棋子，下了一局象棋，讲了一个莫泊桑的故事。

多年以后，胡适在回忆这段浪漫时光时，写下了一首诗：

翠微山上的一阵松涛，
惊破了空山的寂静，
山风吹乱了窗纸上的松痕，
吹不散我心头的人影。

诗中对曹诚英的思念跃然纸上。

很长时间里，胡适与曹诚英的缠绵对外界瞒得滴水不漏，甚至一向草木皆兵的江冬秀也毫不知情，她甚至写来一封别字连篇的信给胡适，对曹诚英照顾他表示感谢："珮声照应你们（同时还有胡适的一个小侄儿也在），我狠（很）放心，不过他（她）的身体不狠（很）好，长（常）到炉子上去做菜，天气大（太）热，怕他（她）身子受不了……"

最先发现胡适与曹诚英双栖双宿的，是湖畔诗人汪静之，六十年后，他曾带着记者来到清修寺，指着那一排僧舍说："那

斯文的中年男人胡适

里是当年适之先生与珮声的卧房，胡适住最东头一间，曹诚英住中间一间，正好在隔壁。上壁开了一扇门，因为胡适住的东间朝东廊无门，于是表哥就从此门经过，出入走廊。曹诚英房舍加隔一层板壁，一分为二，卧室在里间，外间作起坐间，縻表哥英表妹共用。”这真是为一对有情人天设地造的幽会之所——关上门就是一间，有外客进来，又是名副其实的两套。汪静之当年在老家追求过曹诚英，胡适对这个本家亲戚与文学同道也不隐瞒。汪静之发现两人做了情侣后，真心祝福他们，并没有对外界八卦。可是没过多久，徐志摩带着一帮朋友来翁家山看望胡适，都是一批相当浪漫的文人雅士，有汪精卫、马君武、任叔永、沙菲等。徐志摩老家在杭州过去的海宁，一定要带他们去看海宁大潮，一行人又驱车来到海宁，徐志摩本来就是情痴情种，他发现了胡适与曹诚英的男女私情之后，跑到北京到处乱讲，导致这一段情事大白于天下。

胡适似乎也不想刻意隐瞒，也许他认为既然他也爱曹诚英，那么对这段情就应该有个交代，他后来又为曹诚英写过一首短诗，表达他的感谢：

多谢你能来，
慰我山中寂寞，
伴我看山看月，
过神仙生活。

像曹诚英这样内向的女子，爱情之火一旦燃烧起来就难以熄灭，也无法熄灭。烟霞洞一别后，曹诚英就再也离不开胡适。胡适借口出差，逮着机会就来杭州看望她，两个人后来经常在西湖边的新新旅馆共筑爱巢，曹诚英有时也到上海亚东图书公司去会胡适，一段情如鱼得水渐入佳境，只是将江冬秀瞒得滴水不漏。

这一年春天，胡适又来到西湖，还住在老地方新新旅馆，曹诚英逃学过来与他幽会，两个人几乎天天出没于西湖。胡适不管到哪儿，朋友都极多，那日一帮朋友到新新旅馆来看望他，请他到杭州著名的馆子楼外楼吃饭。这家饭店的糖醋鲤鱼做得最好,在江南一带很有名,曹诚英也跟着去了。那天的朋友很多,胡适让她坐在窗前——楼窗正临着一片碧波荡漾的西湖水，春光明媚，游人如织。一帮新朋老友吃酒赏景，一直从下午闹到半夜时分,玩得十分尽兴。曹诚英十分开心,趁着众人闹酒混乱,与胡适一起临窗赏月。

窗外的西湖月只是作为一种点缀而存在，胡适与曹诚英早陶醉于浓情蜜意之中，临窗望月，唯见湖心一轮秋月看不厌看不够。半醉间徐志摩发现胡适与他的表妹“落单”，在众人起哄中一定要曹诚英唱歌。胡适还想阻止，而曹诚英却大大方方当场唱了一曲《秋香》，众人齐齐鼓掌叫好。后来徐志摩在日记中说：“曹女士贪看柳梢头的月，我们把桌子移到窗口，这才是持螯看月了！夕阳里的湖心亭妙，月光下的湖心亭，更妙。曹女士唱了一个《秋香》歌，婉曼得很。”

胡适与曹诚英的情事在文坛传得沸沸扬扬，最终传到江冬秀的耳朵里，结果就上演了母老虎江冬秀威胁胡适，挥剪刀欲与儿子同归于尽的一幕。胡适十分恼火,虽然他是京城著名的“怕

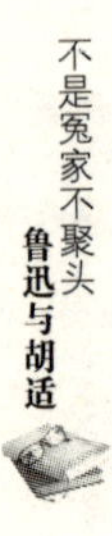

老婆”，但是在内心里，他无法忘掉小表妹的好，翠微山上的风已吹乱了他的心。

11. 守在你必经的路旁

江冬秀自从将刀掷向胡适之后，在心里就与曹诚英结下了仇，她做梦也没想到，这个表哥表嫂叫得亲亲热热的丫头片子，一肚子花花肠肠，竟然要勾引胡适想让她做孤老，这口气怎能咽得下去？可是曹诚英一直避而不见，她就找不到下手的机会。而胡适一直忘不掉烟霞洞中神仙眷侣的日子，心里时时牵挂着曹诚英。曹诚英也抑制不住心头的兴奋，将这件事告诉了最信任的汪静之，她约汪静之到西湖边，一直笑一直笑。汪静之已猜出八九分，曹诚英最后才很直白地说：“哥哥跟我好了。”汪静之听了并不吃醋，也只是笑。曹诚英说：“你不用笑我，不用笑话我。”曹诚英在汪静之面前，很罕见地撒起娇来——爱情的力量太强大了，让曹诚英情不自禁。汪静之说：“我哪里会笑话

你？我只是为你高兴。”这时候胡适与曹诚英的关系差不多处于半公开状态，胡适后来有过多次西湖之旅，都是借口去上海处理事务，偷偷到杭州幽会曹诚英，两个人有时候住在新新旅馆，有时候住在湖滨聚英旅馆，都是套房，胡适住在外面，曹诚英住在里面，有客人来，曹诚英就躲进了里间，甚至藏身于洗手间，一直到客人离去她才现身。也有时候胡适在上海有很多公务要处理，曹诚英就从杭州起身来上海与他见面。

有一次，二人由汪孟邹安排在亚东图书馆幽会。汪孟邹是胡适的老朋友，他们的友谊最早从汪孟邹在芜湖创办科学图书社开始，亚东图书馆其实就是亚东出版社，馆址在闹中取静的四马路惠福里，亚东图书馆出版了胡适许多书籍，胡汪两人过从甚密。几次在亚东图书馆幽会后，曹诚英忧心忡忡——亚东图书馆里职员工人数加起来有五十多个，越来越多的人知道她与胡适的关系，并不是什么好事，她预感到生活中将出现很大的麻烦，那日胡适写信让她来亚东图书馆，她有点不开心，但她还是从杭州坐火车过来。胡适一眼就看出她不开心，待到两个人待在一起时，胡适轻声问她：“是不是哪里不舒服？”曹诚英摇了摇头，胡适说：“那你就是不开心。”曹诚英不想让胡适失望，还是摇摇头。胡适说：“你别瞒着我，我看出来了，你有心事就对我说，我或许可以帮你忙。”这一句说到曹诚英心里，她迟疑了一会儿，才吞吞吐吐说出自己的担心。她本以为胡适会劝慰她，但是胡适也迟疑起来，他呆坐在一边束手无策的样子让曹诚英看了心痛，她很想将他抱在怀里，然后告诉他：不必害怕，为了他，她什么都可以承受。但是她没有那么冲动，胡适也没有，两个人一直待到天黑，曹诚英提出回杭州，结果被胡适阻止，胡适说："太晚了，明天吧，明天我送你去车站。"

这是一个很无聊的夜晚，曹诚英想了一夜，决定与胡适了断。她第二天回到杭州，就果断地给胡适写了一封诀别信：

哥，在这里让我喊你一声亲爱的……哥，我爱你，刻骨的爱你！我回家去之后，仍像现在一样地爱你！

曹诚英在杭州女子师范学校毕业后，回到了老家。后来又考取了南京东南大学，选择了胡适没有读完的专业——农学院，算是在心理作一些补偿。这时候胡适与她的通信越来越短也越来越少，胡适非常无奈，尽管在内心他很爱这个小表妹，但是他斗不过江冬秀，也放不下社会名望与地位，最终还是以牺牲他和曹诚英感情来与江冬秀"讲和"。可是江冬秀是面和心不和，女人与女人之间，一旦结下仇怨，是很难和解——多年以后，她终于等到了一个报仇雪恨的机会。那时候曹诚英从国外留学

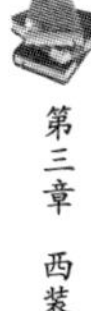

回来，因抗战爆发，她流亡入川，做了四川大学教授。此时国难当头，遍地哀鸿，胡适远在美国当教授，她一人孤独实在不好受，在朋友介绍下她与一位先生开始交往，付出了很深的感情。偏就这么巧，这位先生在上海的亲戚是江冬秀的麻友，麻将桌上偶然说到这件事，江冬秀一听就大叫起来，弄得人家莫名其妙，江冬秀摇头说："赶快让你表弟与那个曹诚英歇火，那个女的外表看起来很老实，可是瘟猪头吞麦麸，骨子里一肚子花花肠子，竟然起花心勾引我们家适之先生，我家适之多老实？这种女人见男人就起花心，裤腰带松得很，千万不能娶，一娶进门，今后就是个淘气罐子。"麻友听罢脸色一片青灰："原来是这样的女人哪？赶紧让我表弟和她歇火，这样的女人哪里能要？"

孤身一人的曹诚英受不住接二连三的打击，去四川峨眉山做了尼姑。她进山的那天正下着鹅毛大雪，一路跌跌撞撞地来到金顶附近的一处小寺里，向女尼提出出家为尼。女尼看她面色苍白情绪低落，开口道："我在寺里见得多，你如此面相，想必为情所困，看起来小姐应该是个读书人，不必为一时苦痛就想了断红尘，你想在这里住下，好好想一想，这里的清静会让你想开一些事。"曹诚英在峨眉山一住就是半个月，大雪封住了峨眉山所有的山道，曹诚英思前想后万念俱灰，铁了心决定出家。女住持被她的决心打动，决定接受她。那天晚上，她在峨眉山上给胡适写了一首诗，作最后的告别。

胡适从诗中判断她出了家，惊呆了，但是信封上没有留下地址，他判断可能就近到峨眉山出家，赶紧告诉她的二哥曹诚克。曹诚克来到峨眉山上寻找，那时候雪虽然已经停了，但是山道上仍然积雪很深，曹诚克找遍峨眉山大大小小的寺庙，就是没有找到曹诚英，他彻底失望了，最后一天他来到金顶，他只是来看一看金顶，然后就下山再找。金顶上的积雪比各处都要厚，正是夕阳下山时分，最后一抹夕阳投射在金顶上，金顶上金光闪闪，真的就是传说中的金顶。曹诚克看着一个人孤零零地站在千仞绝壁的顶端眺望下山的夕阳，他突然心头一震，从背影看，那个单薄的身影太像诚英了。他大喊一声："诚英——"就冲了过去。女子回过头来，果然是妹妹曹诚英，削发为尼的曹诚英一见到二哥，当即扑到他怀里痛哭起来。曹诚克抚摸着妹妹的憔悴的面庞，也流下泪水，等她哭够了，他拉起她的手说："小妹，你为什么要这样做？天塌下来不是还有哥哥吗？"曹诚英不说，曹诚克说："走，跟我一同下山，马上下山。"曹诚英仍然像木头似的站着不动。曹诚克说："你到底在想什么？"曹诚英说："我已经削发为尼，此生再没有别的想法。"曹诚克忽然说："是胡先生让我上山来找你，他急疯了，妹妹，即使你心里没有哥哥，也得想一想胡先生，你要是有个三长两短，他就是千古罪人。"

曹诚英又静静地哭了，曹诚克趁热打铁说："小妹，你一向听哥哥的话，就再听一次，跟二哥下山，回去。"曹诚英这才点点头。

后来经曹诚克介绍，曹诚英做了复旦大学教授。退休后她婉拒校方安排，离开繁华都市，回到老家徽州旺川村。她的坟墓现在就在村后的山坡上，一座孤零零的坟墓守在绩溪城去上庄村的盘山公路边。很多人坐车去上庄看望胡适，经过这里必定要停下车来，看一看这座爬满藤蔓的坟墓，看一看这个被世人遗忘了的女子——曹诚英。她是胡适最亲密的恋人，一生的守望痴情不改。死后，仍然守望在通往上庄的必经之路上，期望着有朝一日，能看到胡先生归乡的背影。

不是冤家不聚头

鲁迅与胡适

LUXUNYUHUSHI

第四章　神坛与祭坛

"我自己，是什么也不怕的，生命是我自己的东西，所以我不妨大步走去，向着我自以为可以走的路；即使前面是深渊，荆棘，狭谷，火坑，都由我自己负责。"

——鲁迅

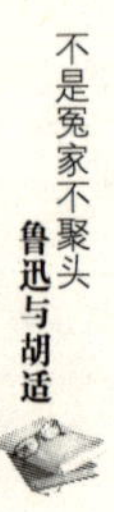

1. 忽值山河改

一九四六年四月六日上午九点半，上海北外滩公和祥码头阴云密布，胡适在一帮朋友簇拥下缓缓登上停泊在江畔的“克里夫兰总统号”。总统号在浑黄的黄浦江畔停泊了很长时间，细雨开始密密麻麻地飘下，一直到十一时，轮船才悲伤地呜咽一声，然后缓缓地驶离外滩。胡适站在船舷边向岸上的友人频频挥手，望着越来越远的土地和岸上那些林立的摩天大楼，不禁悲从中来。

胡适是在被解放军团团包围的北京城中坐飞机逃离的，他将大量的书籍资料和小儿子留在那里，这一年他五十七岁。生日那天，蒋介石在黄埔路官邸设宴款待胡适，特地在桌上放了一瓶酒。胡适分外感动，因为他知道蒋介石从来不饮酒，破例在桌上摆上酒，只是因为胡适。可是因为国内形势急转直下，大家都心绪纷乱，面对美酒佳肴，胡适心里倍觉凄凉。蒋介石

说：“此次从北平南下，希望适之先生能去台湾。”蒋介石面对胡适温和的目光，继续说：“适之先生应该明白，形势于我们不利，划江而治不过是我们一厢情愿而已，大陆是守不住的，所以我决定‘引退’，派陈诚前往台湾经营，适之先生是国内知识分子之代表，我们没有理由不妥善安顿好。”

那一顿寿宴吃得索然无味，临别时蒋介石送胡适出门，对他说：“我要你到美国去，不要你去做大使，也不要你负什么使命，例如争取美援什么，都不要你去做，我只要你出去看看，将来我们会用得着。”胡适冲蒋介石点点头。几天后他来到上海，准备起身赴美。离别大陆时，他与傅斯年相见，谈起山河旧梦天下大事，含泪吟诵陶渊明一首诗《拟古其九》：

种桑长江边，
三年望当采。
枝条始欲茂，
忽值山河改。
柯叶自摧折，
根株浮沧海。
春蚕既无食，
寒衣欲谁待。

本不植高原，

今日复何悔。

纽约是世界级的大都会，作为大使的胡适曾在这里风光一时，指点江山激扬文字，演说或宴游都成为报章电台的头条新闻。可是风光流散江山更改，年老时归来多少有点落魄凄凉——这是胡适一生中最暗淡的岁月，东城81街104号是他从前租住的小公寓，在这里他曾经度过穷学生的青涩时代，没想到老年又重回旧地。依旧是灯红酒绿的纽约变得十分陌生，他的心情也灰暗到了极点。有一天站在窗口眺望灰蒙蒙的纽约城，忽然无比绝望，拿起电话拨通了国民党政府驻美使馆，取消一切约会，不会见任何政府或政党要人。挂掉电话他回到书桌前，拿起那本线装的霉味扑鼻的《水经注》，他打算从此远离政治做他的学问。

封闭自己是可以的，逃避现实也是可以的，但是生活是最实际的，问题很快接踵而至：没有经济来源让他的日子过得十分窘迫，江冬秀乃一乡村女子，没有任何生活能力，来到美国语言不通，又不会开车，连访亲问友的机会也没有，日常除了打麻将，没有别的消遣。这可苦了胡适，一向过惯了衣来伸手饭来张口的日子，现在一日三餐在自己打理，而

在美国的胡适先生

且连生活费也常常没有着落，那种日子过得有多狼狈。江冬秀每天吃罢早餐就叫上几个流亡太太来家里摆围城，心里好时就煮一锅茶叶蛋让胡适吃一天，心情不好或输了钱，茶叶蛋也不做，胡适只好亲自上阵，外出采购柴米油盐，然后回来煎炒烹煮。为了省钱，钟点工也不请，洗锅刷碗扫地抹桌，全他一人包了。当然家里也没车，出门采购就坐公交车，常常在车上挤得东倒西歪。有时家里没人来搓麻将，江冬秀在家闲得无聊，还要发脾气，砸锅摔碗的事情也做过。胡适小心赔不是，然后四处打电话帮她联系麻友——江冬秀手气好，尽赢不输，后期家中日杂开销全靠江冬秀赢钱来支付，难怪

晚年的胡适夫妇

小脚女人脾气看涨。

有一次胡适学生唐德刚过来看望老师，到吃午饭时看到胡老师端来一盆茶叶蛋，他心里非常难过，后来唐德刚说：“胡适老师惶惶然如丧家之犬。”——足见其困顿与颓唐。

2. 除了思想之外，什么是我

一九五四年，毛泽东发动了对“胡适思想批判”，上海闻风而动，召开“胡适思想批判座谈会”，批判胡适的文章与书籍不计其数，甚至有皇皇六大册的《胡适思想批判》出版。在美国做寓公的胡适闻听说：“我一向是乐观的人，总觉得这种局面不会长久，他们清算北大，我觉得越清算，越提醒人家对某种思想的回忆。想想那时学术平等、思想自由空气，大家会更加深刻了解。他们清算‘胡适思想’，等于重温胡适的书。”

胡适在这里错误地估计了形势，书生之见在于他始终以一介书生的眼光来看待一切。他没有想到，一场声势浩大、历时七年对他个人的大批判狂风暴雨般席卷而来。参与批判的都是哪些人呢？就是当年在北平高喊“我的朋友胡适之”的那些人——他们只要没有离开大陆，就统统参与了对胡适的口诛笔伐。他们认定胡适“不过是一个在‘尊重事实、尊重证据’的外

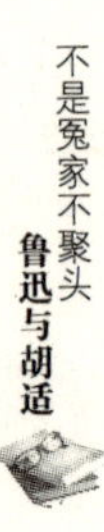

衣掩护之下，进行歪曲事实、歪曲证据的骗子手而已。从他的文章和演讲中,不难看出他那‘一吓、二诈、三丢手’的流氓本事。”“胡适在文化上是骗子兼恶棍，在政治上是流氓兼奴才。”

北京其实一直没有放弃对胡适的争取，一九五六年二月，毛泽东在北京宴请全国政协的知识分子代表，说：“胡适这个人也真顽固，我们托人带信给他，劝他回来，也不知他到底贪念什么？批判嘛，总没有什么好话。说实话，新文化运动他是有功劳的，不能一笔抹杀，应当实事求是。”毛泽东在这里提到的“托人带信”，一个是周鲠生，一个是曹聚仁。

周鲠生是知名的国际法学家，曾任北京大学教授兼政治系主任，是胡适的同事和文友。一九五六年九月，时任中国外交学会副会长、外交部顾问的周鲠生应“英国联合国同志会”之邀赴伦敦访问。在这里，他会见了创办《现代评论》时期的老友陈西滢，在无第三者在场的情况下畅谈了三个小时。周鲠生除规劝陈西滢回大陆外,还动员胡适也回大陆看看。陈西滢后来致函胡适,原原本本转达了周鲠生的上述意见。大意是说：大陆对胡适的批判主要针对他的思想，并不针对个人。如果胡适回去，还是会受到欢迎的，并且来去自由。依据当时的外事纪律，周鲠生和陈西滢的接触事先必须经过请示，事后也必须进行汇报。周鲠生保证胡适可以在大陆来去自由，当然也不会

是他个人的轻率承诺。胡适在致陈西滢信中“对于你，是对你的思想，并不是对你个人”这句话的下面画了线，并写了一句旁批：“除了思想之外，什么是‘我’？”

一九五七年春，新加坡《南洋商报》记者曹聚仁给胡适寄去一封信，规劝胡适回大陆看看。曹聚仁是抗日战争期间中央社战地记者，在赣南时，与蒋经国熟识，著有《蒋经国论》。新中国成立后，长期居留香港。一九五六年开始，他以新加坡《南洋商报》记者的身份，多次到北京，受到毛泽东、周恩来、陈毅等人的接见。胡适在一九五七年三月十六日的日记中写道：“收到妄人曹聚仁的信一封。这个人往往说胡适之是他的朋友，又往往自称章太炎是他的老师。其实我没有见过此人。”然后在曹聚仁来信的信封上批了“不作复”三个字，并派人将信转交了台湾“司法行政部调查局”，作为“匪情”研究资料。

在胡适的思想深处，始终有一个理念，即自由主义者与专制是格格不入的，用他自己的话：“中间决无余地，可资徘徊犹豫”，他决绝地堵住了北京为他敞开的大门。后来全国性的对胡适的大批判愈演愈烈，胡适许多从前的老友，都一律向组织效忠，揭发胡适的“滔天罪行”。包括胡适得意门生吴晗、罗尔纲、顾颉刚、儿子胡思杜等都发表文章痛骂胡适。吴晗当年曾力劝胡适留在大陆，胡适不听，后来他多次说：“吴晗可惜了，走错了

胡适先生标准像

路。”而吴晗则认为，胡适放弃大陆到那个孤岛上去，实在不可思议。罗尔纲后来回忆：“一九五二年，我在南京参加思想改造运动后，来北京学习，到了吴晗家，谈起思想改造的事。吴晗夫人袁震对我说：‘你和吴晗都是给胡适思想影响很深的，必须好好改造。’我说:‘我一定奋力改造，把思想中的毒连根挖掉。’吴晗说：‘联大从昆明搬回北京后，我做胡适工作，可是他顽固不化，我的脚就不再踏上他的客厅了。’”

3. 批胡适、打死狗

顽固不化的胡适令北京方面既恼又恨，对他的急风暴雨式的大批判到了一九五五年仍未有停止的迹象。在胡适供职过的北京大学，历史系主任翦伯赞竟别出心裁地召开了“批胡适、打死狗”座谈会，翦主任解释说：“胡适已经是一条死狗，我们现在是打死狗。也许有人会说，打死狗何必用这样大的力气来干？理由很简单，因为这条死狗和其他的死狗不同，他的阴魂未散，还在新中国作怪，他还企图在新中国借尸还魂。现在胡适的阴魂也许已经附在我的身上，也许已经附在在座的某位同志身上。因此，我们都要好好地检查一下，在我们身上还有没有胡适的阴魂，如果有就要把它赶走。因此，打这条死狗比打活狗更困难，所以必须投些力量。”

远在大洋彼岸的胡适也注意到这一波又一波批胡热潮，他写信给好友沈怡说：“俞平伯之被清算，诚如尊函所论，‘实际对象’是我——所谓‘胡适幽灵’！此间有一家报纸说，中共已组织了一个清算胡适思想委员会，由郭沫若等人主持，但未见详情。徜蒙吾兄继续剪寄十一月中旬以后的此案资料，不胜感祷！此事确使我为许多朋友、学生担忧，因为‘胡适的幽灵’确不止附在俞平伯一个人身上，也不单附在《红楼梦》研究或‘古典文学’研究的范围里。这‘幽灵’是扫不清的，除不净的，所苦的是一些活着的人们要因我受罪。”胡适的担忧不无道理，其时在大陆，因为批倒批臭胡适的缘故，连“胡”这个姓氏也到了臭名昭著的程度，如红极一时的电影《闪闪的红星》中的大地主胡汉三、《林海雪原》中的东北土匪头子胡彪、《沙家浜》中杂牌军司令胡传魁——凡姓胡的，全都是罪大恶极的坏人。

经年累月的批胡运动，产生了海量的批判文章，北京的三联书店奉命召集编辑将这些文章一一收集，出版了八大本、洋洋三百万言的巨著《胡适思想批判》，超过了两年前上海出版的六大册《胡适思想批判》。就是这三百万言的《胡适思想批判》，仅仅只是有选择地收集了北京文教系统推荐的批胡文章。据估计，仅北京地区，批胡文章总字数当在三千万到五千万之间，作者不乏名流名家，这里是从相关资料上抄录的名单：罗尔纲、周谷城、黄药眠、夏鼐、沈尹默、王元化、何其芳、蔡仪、周一良、杨正典、顾颉刚、王若水、范文澜、郭沫若、金岳霖、

冯友兰、艾思奇、胡绳、孙定国、王瑶、余冠英、李达、李长之、唐兰、陈玉森、赵俪生——实在太多，无法一一罗列。这其中很多是胡适的好朋友，胡适曾鼎力相助的作家沈从文，在上海电影局“鲁迅传创作组”参加座谈，他竭力颂扬鲁迅批判胡适：“胡适实际上很浅薄，他的一些文学上的见解和几位大弟子一样的，他发表什么，提倡什么，有时候自己也是莫明其妙的。他一会儿忽然想搞《水经注》，一会儿忽然想收洋火盒子，非常浅薄无聊，他连卞之琳的十四行诗也读不懂的。他从来不敢想过搞中国文化史，在文学上也没有什么抱负，因为他本身没有多大的能耐。他看了他的学生冯友兰的《中国哲学史》，吓得连他的《中国哲学史纲》下卷也不敢写了。他是依靠控制庚款起家的，惯于吹捧，到处拉手，周旋于英美公使、买办、政客、官僚、军阀之间，吹拍逢迎。他靠了用庚款津贴的几个大学，以及中央研究院等机构，成为学界一霸，他是‘对内学阀，对外买办’。”

沈从文是很老实的文化人，一向自称乡下人，当年胡适创办中国公学，让卖文为生的沈从文来做老师。沈从文追女学生张兆和，张兆和不同意，一怒之下告到校长胡适那里。胡适却帮沈从文说好话：“你为什么不喜欢他？我认为他是天才，中国小说家中最有希望的一个人。”张兆和听到胡校长一直喋喋不休地说下去，急了：“可是，胡校长，我并不爱他呀！”胡适看着

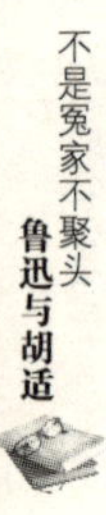

张兆和，忽然说："那么这样好了，你们做一个朋友，一个普通的朋友，可以么？"张兆和说："本来做个一般的朋友挺好了，可是，沈老师和他人不一样，做朋友他会一直误解下去，这样没完没了，我可真要痛苦死了。"胡适拍拍大腿说："怎么说呢，社会上有了这样的天才，人人都应该帮助他，因为天才难得，应该给他发展的机会。他崇拜你是崇拜到了极点……"这时候吴晗也在追张兆和，但是胡适明显"偏袒"乡下人沈从文。就是这个乡下人，时机一到立马也对恩人胡适毫不留情，甚至血口喷人。

这能怪沈从文吗？这能怪这些作家学者吗？好像不能，他们一部分是生活所逼，另一部分被形势所逼，他们真的疯了。"革命"到最后，肯定令人发疯——因为它与"赌博"是同义词，它与"疯狂"是近义词。

4. 发疯的发疯、自杀的自杀

政见的不同按说是很正常的事，可以探讨，可以争论，可以留待后人评说，更可以让历史见证。可是在当时的中国，不同的政见就意味着反党、反革命，不但在精神上羞辱，更要你在肉体上消失——这是顾颉刚、吴晗的遭遇，也是当时中国所有文化人的遭遇。

吴晗为浙江义乌人，曾入读胡适创办的中国公学，因聪明好学，给胡适留下了极其深刻的印象。后来中国公学停办，胡适举荐他进入清华大学学习。一九四九年，他以军代表身份接管北京大学、清华大学，并担任北京市副市长。但是对文学与历史的热爱让他始终秉笔直书，与邓拓、廖沫沙联合以笔名“吴南星”在《前线》杂志上撰写“三家村札记”专栏，歌颂光明、诓正时弊，这便是后来引起强烈反响的《三家村夜话》。两年后，他写出了哄传一时的新编历史剧《海瑞罢官》，胡适所预言的灾难终于降临了。

一九六五年十一月十一日，吴晗从外地开会回来，妻子袁震脸色惨白，拿出一张头天的《文汇报》，没说一句话就悄然走开。吴晗顺手打开报纸，姚文元《评新编历史剧〈海瑞罢官〉》赫然在目，这篇文章预示着文化大革命的开始。十天之后，当吴晗得知姚文元的文章已经在上海出了单行本时，心情越发沉重。一篇学术讨论的文章竟然发行单行本，这意味着什么？他开始担惊受怕。第二年五月，吴晗果然被正式揪出，长达十年的文化大革命开刀祭旗了。他的儿子吴彰后来写道："我永远忘不了他们把爸爸跪绑在烈日下的枯树干上，往他脖子里灌晒得滚烫的沙子。他们抡起皮带抽他，揪他的头发，拧他的耳朵，用各种想得出来的法子侮辱他。爸爸三天两头被拉去游斗，学校要斗，区里要斗，县里要斗，这里要斗，那里也要斗。"酷暑烈日下，吴晗被拖到马路上，跪在粗硬的瓦砾上，遭受残酷的毒打。每次爬起来之后，都是膝盖皮肤划破，鲜血染红双腿和土地。而这时的吴晗，一拐一瘸地回到住处，擦去身上的血迹，便拿起毛泽东签名送他的《毛泽东选集》来看。但这样做再不起任何作用，第三年，他正式被捕入狱，被折磨至死。

胡适的亲生儿子胡思杜以自杀收场——他是胡适的小儿

子，取名思杜是胡适思念他的美国导师杜威。胡思杜也在美国留学，回到北平后许多大学看在胡适面子上提出聘请他去工作，胡适说：“思杜学业未成，不是研究学问的人才。”他拒绝了好心人，只将胡思杜安排在北大图书馆工作。一九四八年十二月，北平被包围，蒋介石派来专机接胡适赴南京。胡适到处联系陈寅恪等人南下,独独留下了胡思杜。有人当时说胡适此举是“帮了他人，害了骨肉”。而胡思杜却不这么看，他说：“我又没做什么祸害共产党的事，他们不会把我怎么样。”他那时那么小，又刚刚从国外回来，不了解国内情况，更不会想到后来发生的一切。据说江冬秀哭哑了嗓子，只得留下金银细软，让儿子多多小心。

后来的天涯永隔是任何人也无法想到的，而胡思杜竟然摇身一变，发表许多文章痛斥父亲是“美帝走狗和人民公敌”。在“对我的父亲——胡适的批判”一文中他写道，“从阶级分析上”看，胡适是“反动阶级的忠臣、人民的敌人，在政治上他是没有什么进步性的”，并开列了这位“战犯”的种种罪状，如“出卖人民利益，助肥四大家族、和帝国主义文化侵略利益密切的结合”。谁也不知道这些文字是唐山铁道学院马列部的老师胡思杜的真实想法还是受人所蛊，反正他向党组织靠拢、替父亲赎罪的心态是真实无疑的。

事情的起因可能是因为女朋友的变故所致，那位姑娘一听他是战犯胡适之子，吓得花容失色掉头就跑。可是，一刀两断也救不了胡思杜，在“山雨欲来风满楼”的一九五七年九月，在无休无止的大批判和满院的大字报中，胡思杜崩溃了，他最后选择在体育场一角他经常翻上翻下的单双杠上用一根绳子拴了脖子“畏罪自杀”。自杀前留下一封遗书给北京铁道印刷厂的堂兄胡思孟，胡思孟接到电话后马上赶来，“只在一间小黑屋里看到一口小白木棺材，棺材沿上有许多绿头苍蝇在飞舞。棺材里有一块白布，揭开白布可看到胡思杜已变得乌青的尸体，看样子已死去好几天了”。后来他们找了几个工友，在唐山郊外某个人迹罕至的野地，随便挖个坑将他草草掩埋。本来就是荒郊，后来的唐山大地震将那片土地夷为平地，再也没人能找到胡思杜那个荒坟。

就算有坟墓也不能幸免，胡适在老家上庄的祖先好端端地在村后的青山上安眠了几百年，这年的春天，上庄四周的油菜花开得像发洪水。午后，安静的村头突然一阵鸡飞狗跳：原来，专程从北京赶来了一大帮身着军装的红卫兵小将，他们气势汹汹地来到上庄村外的青山下，挖开了胡家的祖坟，将遗骸抛洒荒野。他们打不死远在台湾的胡适发泄仇恨，只好将他祖宗的遗骸掘出来泄愤。

5. 走上神坛

与胡适家人抛尸荒郊、刨挖祖坟相比，鲁迅在中华人民共和国成立之后，迅速走上神坛，成为供奉在堂的一代圣人。古往今来，很少有作家像鲁迅这样在一个国度享有如此神圣不可侵犯的地位。不是很少，而是根本没有——鲁迅是绝无仅有的一位，前无古人，后无来者。

而鲁迅之子周海婴在《鲁迅和我七十年》这本书中，却披露了这样一件史实：一九五七年，毛泽东发动了反右运动。是年的七月七日晚，毛泽东忽然召集部分文艺工作者座谈。赵丹、黄宗英以及翻译家罗稷南等应邀参加，周海婴也在场。会上，罗稷南与毛泽东有一段关于鲁迅的对话。毛泽东问："你现在怎么样啊？"罗稷南一一如实作答，然后将话题一转："主席，我常常琢磨一个问题，要是鲁迅今天还活着，他会怎么样？""鲁迅么？"毛泽东微微动了动身子，然后答道："要么被关在牢里

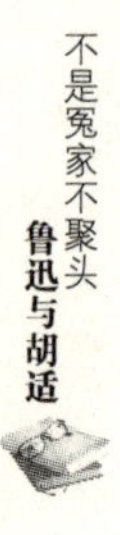

继续写他的，要么他识大体，一句话也不说。”

毛泽东这一番话让周海婴听得惊心动魄，他甚至用鲁迅的一首诗来形容自己内心的震惊：“万家墨面没蒿莱，敢有歌吟动地哀。心事浩茫连广宇，于无声处听惊雷。”因为毛泽东的话太真实了，他并不因为鲁迅而虚应一番，他说出了他的真实想法，这想法与当时国内形势密不可分，如果鲁迅活到一九五七年，很有可能就在牢中。毛泽东嘴上这样说，内心也认为这是不可能的，因为鲁迅早已去世二十年，他在国内至高无上的地位正是毛泽东所确立的，对鲁迅如大江大河般滔滔不绝的颂扬之辞，其源头也正是毛泽东。他概括了鲁迅的三个特点：“政治的远见、斗争精神和牺牲精神。”他指出：“综鲁迅的战斗方法很值得学习，一个重要特点是，把所有向他射的箭，统统接过来，抓住不放，一有机会就向射箭的人进攻。人家说他讲话南腔北调，他就出《南腔北调集》。梁实秋说他背叛了旧社会，投降了无产阶级，他就出《二心集》。人家说他的文章用花边框起来，他就出《花边文学》。《申报》的‘自由谈’的编者受到国民党的压力，发牢骚说，《自由谈》不要谈政治，只准谈风月，他就出了《准风月谈》。国民党骂他是堕落文人，他的笔名就用堕落文。他临死时还说，别人死前要忏悔，宽恕自己的敌人，但他对自己的‘怨敌’，‘让他们怨恨去，我也一个都不宽恕’，我们要学习鲁迅的这种战斗

精神和方法。”他在武汉接见军区负责人曾思玉时，说：“中国的第一等圣人是鲁迅，中国的第一等圣人不是孔夫子，也不是我，我是圣人的学生。”把鲁迅拔高到“第一等圣人”，甚至比孔夫子还要高，这是史无前例，也是无与伦比。

有人说毛泽东对鲁迅的“高抬”违背了鲁迅的本意，有人说这是鲁迅一生的追求，他在纸上的理想被毛泽东演变成红色中国。其实鲁迅身后的事已与鲁迅无关，不同的人借鲁迅的名义达到不同的目的。鲁迅不在人世，他没有办法阻止。当时他被抬高到九天之上的青天，如同光芒万丈的太阳，鲁迅故居成了与湘潭韶山一样的红色景点，被万众景仰，甚至连毛泽东本人也来此参观，并对陪同他的浙江省委书记谭启龙说：“鲁迅有

随处可见的鲁迅先生塑像

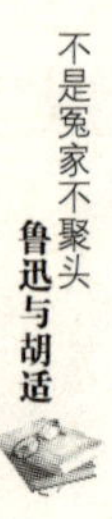

句云：横眉冷对千夫指，俯首甘为孺子牛。我们共产党人就应该有这种精神。”

毛泽东的号召让鲁迅的宿敌周扬、郭沫若们谈虎色变，然后也随之摇身一变。郭沫若忘记了当年曾以杜荃笔名，在《文艺战线上的封建余孽》中痛骂鲁迅为“资本主义以前的一个余孽”、“一位不得志的 FASCIST(法西斯)”。现在，他用诗人之笔欣然赋诗：

> 鲁迅是奔流，是瀑布，是急湍，但将来总有鲁迅的海；鲁迅是霜雪，是冰雹，是恒寒，但将来总有鲁迅的春。

当时身为中共中央宣传部副部长的周扬主抓电影《鲁迅传》，多次过问创作情况：“在辛亥革命以前他是启蒙主义者，他认为根本的问题要启蒙，要农民起来，‘怒其不争’，是怒其不觉悟。他看到了农民被几千年封建礼教统治，‘蒙’么，不觉悟么，要启蒙，强调知识，知识启蒙，‘精神界之战士’，鲁迅的伟大在此。”

郭沫若或周扬紧跟的不是鲁迅，而是伟大领袖毛泽东。他们即便违心地为中国“第一等圣人”唱哑了嗓子，在中国

式的生存法则面前，也不得不屈服——屈服在这里，便是屈辱地服从。

6. 宿敌与挚友

毛泽东在“文革”期间多次指示：“读点鲁迅。”——那个年代你想不读鲁迅都难，好像也只有鲁迅的书可读。如果再添上一个，应该是浩然吧，他的《金光大道》或《艳阳天》。

周扬很早就开始读鲁迅，虽然与鲁迅同在左联，但是周扬是党团书记，左联实际上的决策者领导者。而鲁迅虽为左联精神领袖，却只是一个虚职，并无实际权力。但是面对左联从一个文学流派演变成一个政治团体，他由衷地感到不舒服，特别看到一些弄权的伎俩与阴谋，好战的鲁迅更无法忍耐，斥之为：工头、鞭子、奴隶总管、横暴者，并对萧军说：“敌人不足惧，最令人寒心而且灰心的，是友军中从背后来的暗箭。受伤之后，同一营垒中快意的笑脸。”鲁迅对周扬切齿痛恨，写下了

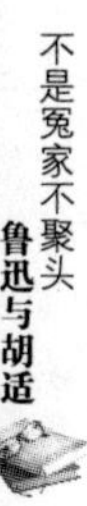

判，即便他向中央政治局递交了“关于几年来文艺实践情况的报告”，即著名的“三十万言书”，也没有得到组织部门的理解，《人民日报》发表了舒芜的文章《从头学习〈在延安文艺座谈会上的讲话〉》，在“编者按”中指出胡风的文艺思想“是一种实质上属于资产阶级、小资产阶级的个人主义的文艺思想”。最后胡风竟因此被逮捕，判刑十四年。十年后出狱入劳改农场改造，两年后又因“反革命集团”再度入狱。“胡风事件”也将鲁迅的另一位挚友、文艺报主编、中国作协副主席冯雪峰卷入，被定性为“右派分子”，关进“牛棚”，受到批判，“文革”末期因肺癌去世。

作家一旦卷入缺乏制衡的权力圈，血腥与残忍将无法避免，最终导致的不是作家的自残就是文学的毁灭——周扬、郭沫若如此，胡风、冯雪峰也如此，甚至包括鲁迅本人，不过就是某个人某个阶段出于某种目的布下的一枚棋子，往前拱或往后退，捧起来或要他命，全看权力角逐的需要。现在回头来看，当年争论的那些所谓的大是大非，不过就是一个令后人捧腹的笑话而已。

7. 从周令飞到周璟馨

与胡适留在大陆的儿子胡思杜自杀身亡相比，鲁迅之子周海婴则安坐在“鲁迅”这顶华盖下，尽享福音。

周海婴是鲁迅的独子，一九二九年出生时，许广平一度难产。护士焦急地问鲁迅：“是留大人还是留孩子？”鲁迅不假思索地说：“留大人，留大人。”结果母子平安，也许鲁迅认为这孩子是意外得到的礼物，是大上海的馈赠，便给他取名周海婴。

鲁迅逝世那一年，周海婴年仅七岁。坎坷的经历、特殊的家庭背景，使他待人处世格外小心谨慎。他回忆在北大物理系读书时，同学可以打桥牌、跳交谊舞，他出于好奇，偶尔去看看，就有人在背后指指点点：“看，鲁迅的儿子不好好读书，只知道打牌跳舞。”这样的闲言碎语他听得太多，只好转身离开，并不争辩。一争辩，闲言碎语就铺天盖地。周海婴承认，对名与利他想得不多，看得也很淡，只想做一个实实在在的普通人。

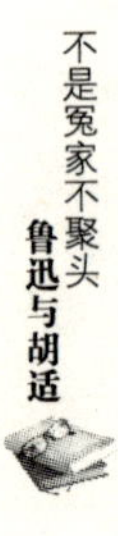

一句“我的曾祖父是鲁迅”让她一夜之间在两岸三地人尽皆知。但这个淡江大学信息传播学的女生对鲁迅却相当陌生，台湾的教科书一直“封杀”鲁迅，如同大陆教科书一直“封杀”胡适一样。周璟馨只读过曾祖父鲁迅两三篇作品，读得相当吃力而且不懂。她的偶像是蔡依林，她的梦想是想像蔡依林那样成为娱乐圈红人。

8. 天生长着一身反骨

被供奉在神坛的鲁迅已去世多年，他不能说话，只好任人讴颂。胡适不同,虽然与蒋介石交好,但他始终没有加入国民党,一直以独立学人的姿态与一切政权对峙，行使批评与监督的权利，这让国民党恼怒。后来暴发的《自由中国》雷震案，让他与蒋介石隐藏多年的冲突公开化，这是一代学者与政治强权的分歧所在。

自当年留学美国接受了西式民主之后，美国式的自由与民

胡适一手创办的《自由中国》杂志

主精神一直潜伏在胡适的血脉之中。早在离开大陆赴美之际，他在轮船上就决定要在台湾创办一份自由主义杂志——《自由中国》，并草拟了刊物宗旨：向全体国民宣传“自由”与“民主”的真实价值，督促“政府”革除弊端，把台湾变成真正的“自由民主”的社会。轮船在美国檀香山停泊期间，胡适发了一封信给先期到台湾的“国民大会”副秘书长雷震，将拟好的《自由中国》刊名、宗旨一并寄上。后来胡适在创刊号上发表了《民主和极权的冲突》一文，胡适说：民主生活的本质“是个人主义的”，“民主传统”是由一般爱好自由的个人主义者联手创造的，这些人重视自由胜过他们的日用饮食，酷爱真理，宁愿牺牲他们的性命。与此相反，极权主义“根本不允许差异的存在

或个人的自由发展。它永远在设法使全体人民，适合于一个划一的范围之内”。后来他在《自由中国》创刊三周年时发表讲话说:“民主社会中很重要的一件事，就是言论自由”，他认为“单单在宪法上有保障言论自由的规定是不够的，我们还须努力去争取,如果我们不去争取言论自由,纵使宪法赋予我们这种权力，我们也是不一定会得到的”。

胡适以“宁鸣而死，不默而生”为生命最高准则，一直以《自由中国》为阵地争取言论自由,当台湾军政当局下令逮捕《自由中国》全体编辑人员时，胡适撰文说 :“压制《自由中国》是台湾政治最大的耻辱”。以后几年中，他不断给《自由中国》撰写政论，要求国民党开放舆论自由，规劝当局“当政的人，应该努力培养合法的反对，合法的批判，这样才可以在自由世界占一地位而无惭愧”。这些言论让一党专制的国民党当局如芒刺在背，但是鉴于胡适的声望，他们又无可奈何，只好隐而不发，转而拿雷震开刀，开除了雷震的党籍。

一九五六年十月三十一日，是蒋介石七十岁生日,《自由中国》特别出版“祝寿专号”，批评蒋介石大权独揽，要求国民党限制“总统”权力，实行“责任内阁制”。甚至有这样的文字 :“今日的台湾，在实际上早已成为一人一家一党的殖民地。这一个殖民地在骨子里完全被置于效忠私人的秘密力量严格控制之

下。”——读者反响强烈，杂志再版十一次，发行一百万册，这一下大大触怒了蒋介石，一场围剿《自由中国》的行动在台湾展开。胡适明白这不仅仅是一本小小杂志的存亡之争，它是文明包容的文化与落后专制的封建暴政的观念之争，也就在这场纷争剑拔弩张之时，胡适回到了台湾，与雷震一起进行了更过火的行动，筹建“中国民主党”——这其实是胡适的一贯主张：在台湾成立一个反对党,以便彼此制约。在得知蒋介石连任“总统”后，他发表了“蒋总统如何向历史交代？”一文，他说：“这几年来，如果说言论自由格外普遍，我觉得雷先生的功劳最大。我说台湾应该替他造一个铜像。”随后，《自由中国》便大力鼓吹胡适的倡议，宣传积极展开“新党运动”。雷震要求胡适出来领导，做党魁，实际工作则由雷负责。但胡适只同意担任顾问，却极力鼓励雷震出来组党。蒋介石大怒，以涉嫌叛乱为由，逮捕了雷震等人。胡适更是怒火中烧，不顾朋友劝阻，对记者发表了义愤填膺的话：“太失望，太失望，我还有什么话可说呢？十年来雷震办《自由中国》，已经成为自由中国的象征，我曾主张应为他造铜像，不料换来的是十年监狱，这是很不公平的！”胡适说完最后一句话后，在面前的桌子上猛击一掌。

9. 归去来兮

一九五六年十二月十七日，胡适在纽约悄悄过了他的六十六岁生日，当天到场祝寿的朋友二十多位，胡适端起酒杯说:“希望我们大家能在不久之后回返自由大陆，重建残破家园。”江冬秀听得这话挖苦胡适：“做你们胡家媳妇真要命，在海上跑来跑去。”胡适说：“你祖父当年发誓不把子女嫁给我们绩溪人，可还是将你嫁给了我，真是活该，活该！”

胡适说出这番话显然是有备而来，自来美国后，他一直“不舒服”，“烦躁不安”，大病一场之后，甚至提前留下遗嘱，让身边来往的朋友十分吃惊。似乎感到来日不多，他铁下心要回到台湾去。他对好朋友赵元任说：“我有一点小小的积蓄，在美国只能活二三年，如果在台湾，则可以坐吃十年还有余。台湾更吸引我，大陆搬迁过去的历史语言研究所里那些书对我更适用。”他打算定居在台北郊区，自己造一幢房子，幽居下来潜心做学术。

蒋介石知道后，表示愿意从他的著作《苏俄在中国》的版税中拨款建屋一座赠予胡适，并电任胡适为“中央研究院院长”。原计划中“中研院”区域里的那座房子追加拨款二十万，建成一座占地 50 平方米的小洋房，给胡适居住。胡适表示他只要一个学人的私人住房，而不是中研院院长的住宅，并马上寄去 2500 美元作为住宅建造费。

一九五八年四月，胡适自纽约启程返回台湾，江冬秀什么都要带走，包括那张破旧的双人木床，胡适劝不住她，只好同意。结果那张木床从纽约运到台北，让搬家工人吃尽苦头，所需的工钱能买上好几张这种廉价木床。而江冬秀不依不饶，就

饱经人生风雨的胡适先生

是认为这张木床好，只要看到这张木床，她倒头就睡。任是再好的床胡适却无法静心安眠，但是总算回到了日思夜想的台湾，实在令人安慰。

胡适抵达台湾的那天，“副总统”陈诚亲自到机场迎接。第二天胡适在“总统府秘书长”张群的陪同下前往士林官邸，和蒋介石谈了大约一小时，说的都是学术问题。四月十日，胡适就任院长，蒋介石到会祝贺并演讲，赞扬胡适“个人之高尚品德”，并号召“发扬‘明礼义、知廉耻’之道德力量”。出乎所有人的意料，胡适当面反驳了蒋介石的这一提法。他说：“刚才总统对我个人的看法不免有点错误，至少，总统夸奖我的话是错误的。我们的任务，还不只是讲公德私德，所谓忠信孝悌礼义廉耻，这不是中国文化所独有的，所有一切高等文化，一切宗教，一切伦理学说，都是人类共同有的。总统年岁大了，他说话的分量不免过重了一点，我们要体谅他。我个人认为，我们学术界和中央研究院应做的工作，还是在学术上。我们要提倡学术。”胡适的话没说完，蒋介石已怫然色变，其他听众也一个个目瞪口呆。过后，有朋友劝胡适回台说话要小心谨慎，认为胡适有伤蒋介石的面子。胡适自己觉得没什么，“诤友”总有说话的自由嘛。然而，蒋介石却视此事为奇耻大辱，以至于夜不能寐，在日记中说胡适“狂妄荒谬”。

此后，随着胡适明确反对蒋介石参选“第三届总统”，两人矛盾逐渐加深。后来，为雷震鸣冤的胡适不断向“总统府秘书长”张群表达见蒋的要求，十一月十八日，蒋介石终于答应见一见胡适。

这次会见的气氛远没有此前两人见面时融洽，蒋介石以前都是单独接见胡适，这次会见时一左一右站着两位便衣。蒋介石抢先谈到了雷震问题，他说：“我对言论自由，已经放得很宽，但雷震背后有共产党的间谍，政府不能不办他。这一两年来，胡先生好像只相信雷震，不相信我们的政府。”胡适说：“今天总统说这话太重了，我当不起，我受不了。总统没有出过国，副总统也没有出过国，你们不会深知雷震案在国外产生的不良影响。”

这次谈话大约进行了五十分钟，最终胡适没有取得任何结果，雷震被判刑后，《自由中国》杂志也随之关停，胡适想借助蒋介石在台湾推行民主的幻想也就此破灭。

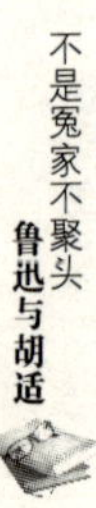

10. 睾丸一样的岛屿

胡适回到台湾的几年，一直处于舆论中心，一会儿批胡，一会儿保胡，一会儿棒胡，一会儿又捧胡。就在一片汪洋之中的风口浪尖，一个年轻的身影异军突起鹤立鸡群：东风来了，来自美国的哥伦比亚大学。

民国六年的九月里，北京大学来了一个二十六岁的新教授，蔡校长仔细看了看他，然后露出高兴的表情——他找到了，他找到了他最需要的酵母，他立刻喜欢上了这个‘旧学邃密’、‘新知深沉’的年轻人，北大添进了新血液，北大开始蓬勃了！”

这个像当年胡适一样的年轻人名叫李敖，他界定胡适的真精神是：“他在文学革命的贡献，新文化运动的贡献，民主宪政的贡献，学术独立和长期发展科学的贡献。”这篇文章标题叫《播种者胡适》——这个胡适曾寄钱给他买裤子的年轻人，这个自称比胡适还了解胡适的年轻人，正因为胡适在他心田里播下民主与自由的种子，他最后长成一棵参天大树，成为台湾的另一个胡适。

胡适和李敖成为忘年交，晚年的胡适与年轻时的胡适一样，喜爱交朋结友，他的朋友有作家教授，也有贩夫走卒——曾经就有一个卖饼小贩叫袁瑡，售饼之余还爱读一点书，喜欢与人讨论英美的政治制度到底哪一个更好，一直得不到满意的答复。于是，便贸然写了一封长信，向大学者胡适请教。

胡适接到这封信，知道他是一位小贩，做得虽然是小得不起眼的芝麻饼买卖，眼光却越过装芝麻饼的铅皮桶，放眼全世界，他十分感动，何况问的又是胡博士最热衷的英美政治问题，他就更加开心，亲笔写了一封回信，信中说：“你提出的问题太大，很惭愧，我不能给你一个满意的解答，我只能说，你说的英国制度和美国制度其实没有什么太大的区别。你信上叙述的那个‘杜鲁门没有带走一个人’的故事，也正和丘吉尔在一九四五年离开唐宁街10号时没有带走一个人是一样的。我很自豪，在我们这里，有一个卖芝麻饼的，每天背着铅皮桶在街上叫卖，风雨无阻，烈日更不放在心上。但他还肯忙里偷闲，关心国家大计，关心英美的政治制度，盼望国家能走上长治久安之路——单只这件奇事，已足够使我乐观，让我高兴——如有我可以帮你的小忙，如赠送你找不着的书之类，我一定很愿意做。”

从此，卖芝麻饼的小贩便成了胡适博士的朋友，有一天胡适邀请袁瓞到南港的研究院去做客，袁瓞把带来的一个手巾包打开，里面是十个芝麻饼，黄灿灿的，散发着烤芝麻的清香。他把芝麻饼捧到胡适面前，胡适笑眯眯地拿起一个便吃，嚼得支咯支咯响，脸上现出近几年来少见的欢愉，一老一少聊得畅快，随后又谈到幼年生活。胡适说他喜欢游泳，可是鼻孔里长了一个小瘤，水中呼吸不方便。袁瓞听了觉得很巧，告诉胡适说，他的鼻孔里也长了一个小瘤，恐怕是鼻癌。胡适听他说，便立即给台大医院的高天成院长写了封信，说：“这是我的朋友袁瓞，一切治疗费由我负担。”胡适经济尽管并不像人们传说的那样富有，甚至连自己住院为了省钱也常提前出院，但他诚心给一个好学的年轻人以帮助，他这人一向乐善好施。

胡适一直记着这位小贩朋友，最后一次心脏病复发住进台大医院，江冬秀拿了一个芝麻饼送到胡适病房，说：“我给你吃一样东西，这样东西，我相信你没有吃过。”胡适一看是芝麻饼，便笑了，说：“我早就吃过了，这是我的一个朋友做的。”到底是书生，他太天真了，他以为那么大的一个台北市，所有的芝麻饼都是袁瓞一个人做的。

就在这次出院后不久，“中研院”第五次院士会议召开，那

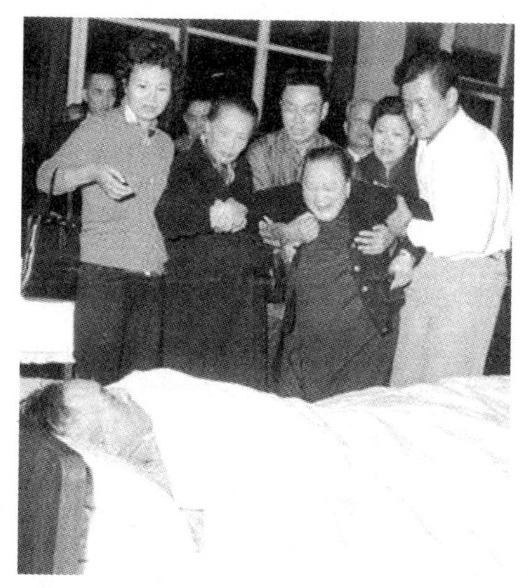

胡适去世，江冬秀痛哭失声

时候台湾节气已过雨水，到处春光明媚。胡适极其罕见地身着飘逸长衫、满面春风来会见新当选的院士，并致热情洋溢的祝酒词。晚上六时三十分，宾客陆续退场，胡适保持着一贯的君子风度，站在客厅门前与友人一一握手告别。就在这时候，他的心脏病突然暴发，面色苍白地在众目睽睽之下倒在地上，倒在这个被李敖称之为“睾丸”的孤岛上。

11. 没有人是一个孤岛

胡适弟子、《胡适评传》的作者、台湾著名作家李敖说："在时代的潮水中，没有人是一个孤岛，不影响潮水或不受潮水的侵蚀。个人的生命是时代的生命，个人的消逝是时代的死亡——至少部分是这样。"这句话用在胡适与鲁迅身上，是多么贴切。

虽然同为新文化大师，胡适与鲁迅人生之路是那么的不同，一个在美国得到西式民主的火种，一生就在这条崎岖小道上艰难行走，弯弯曲曲的路途最终通向大洋中那个孤岛。一个从日本得到革命的红旗，最后指向延安宝塔山下，最终经毛泽东之手缔造了一个红色中国。两条不同的家国之路、两种不同的政治模式，却早在民国时代，早在胡适与鲁迅的唇枪舌剑中已经有了雏形与轮廓。大陆曾经长时间"封杀"胡适，就如同台湾曾经长时间"封杀"鲁迅一样。但是时代的风云变幻，把一些普世的规则一览无余地呈现在世人面前，政治可以"绑架"大

家的思想，禁锢大家的头脑，可是当浮泛的潮头退却之后，我们可以清晰地看到真理与智慧的所在，看到哪条路是此路不通，哪条路是通衢大道。这是人权与极权的不同，也是胡适与鲁迅的不同。可能太多的“不同”遮蔽了胡适与鲁迅的“同”：无论在北平或在上海，胡适与鲁迅都是外地青年作家或文学爱好者的良师益友，以胡适和鲁迅为中心的两个文学阵营一直不曾消失过，这是他们人格魅力的所在。他们同样都饱读诗书，也同样都热心助人，是民国文坛的两位大师，也是中国文坛的两位巨匠。

还是李敖说得好：“在时代的潮水中，没有人是一个孤岛，不影响潮水或不受潮水的侵蚀。”这个世界不存在一个孤立的人，从文化角度来说，人更不可孤立。事实上所有的人都受着文化的制约，个人永远寄身在时代之内，他与他所处的那个时代密不可分，他就是时代的一部分。胡适是这样，鲁迅也是如此，凡·高是如此，贝多芬也是这样，古今中外的文化大家艺术大师无一能幸免——大师只是那个时代某个领域最突出的代表，一片森林中，不会只有它这一棵高高耸立的参天大树，芬芳满园的花圃里，不会只有它这一朵娇艳鲜花。林木葱茏，才会显得生机一片，群芳争艳，才会让人赏心悦目，杰出人才的孕育也是如此。从表面上看，在诗歌鼎盛时代，李白的出现像彩虹横天，但是他在那个时代出现一点也不偶然，在李白的周围，有无数诗歌星座在闪闪发光：杜甫、王维、岑参、杜牧、孟浩然、白居易、王昌龄、陈子昂、刘禹锡——是他们组合成浪漫而瑰丽的盛唐气象，就像凡·高身旁有莫奈、塞尚、高更一样；就像贝多芬身旁有海顿、马勒、莫扎特、舒伯特、布鲁克纳、约翰·斯特劳斯一样；就像莎士比亚身旁有福特、马洛、本·琼生、韦伯斯瑞一样，巨人从来不会单个地孤立地出现，大师只是其中最优秀的代表，是森林中最高大的一棵，是花园里最鲜艳的一朵，而不会只是其中唯一的一棵、一朵。大师其实是一个民族的精神标高，他的出现预示着一个群体的崛起，一个时代的

胡适墓地

崛起。如同胡适与鲁迅的崛起意味着民国文化人的群体式崛起，环绕在胡适与鲁迅身边的，是一个庞大的大师群体，都是已经载入史册的名字：邵洵美、蒋梦麟、辜鸿铭、陈寅恪、徐志摩、陈独秀、蔡元培、章士钊、沈从文、汪静之、梁漱溟、王国维、傅斯年、章太炎、钱穆、梁启超——实在太多了，我无法一一罗列。

李敖说“没有人是一个孤岛”——他说得没错，但是在我看来，人物就是露出时代海面的“孤岛”，所有的人物组合在一起，就是浮出海面的“珊瑚群岛”。而胡适或鲁迅就如同珠穆朗玛峰或乔格里峰一样，组成一片奇峰耸立、绵延不绝的喜马拉雅山脉。众多民国大师如同昆仑山脉、唐古拉山脉、冈底斯山脉，正是这条条山脉座座奇峰，组成了让人仰望也令人惊叹的青藏高原！